Teenager
Betriebsanleitung

mosaik

Teenager
Betriebsanleitung

INBETRIEBNAHME, WARTUNG UND INSTANDHALTUNG

Sarah Jordan / Dr. Janice Hillman

Mit Illustrationen von Paul Kepple und Scotty Reifsnyder

Aus dem Amerikanischen von Birgit Franz

mosaik

Alle Ratschläge in diesem Buch wurden von den Autorinnen und vom Verlag sorgfältig erwogen und geprüft. Eine Garantie kann dennoch nicht übernommen werden. Eine Haftung der Autorinnen beziehungsweise des Verlags und seiner Beauftragten für Personen-, Sach- und Vermögensschäden ist daher ausgeschlossen.

Sollte diese Publikation Links auf Webseiten Dritter enthalten, so übernehmen wir für deren Inhalte keine Haftung, da wir uns diese nicht zu eigen machen, sondern lediglich auf deren Stand zum Zeitpunkt der Erstveröffentlichung verweisen.

Penguin Random House Verlagsgruppe FSC® N001967

1. Auflage
Deutsche Erstausgabe August 2023

Illustrationen: Headcase Design
Dieses Buch wurde vermittelt von Michael Meller Literary Agency GmbH.
Umschlag: Sabine Kwauka nach einem Entwurf von Paul Kepple and
Scotty Reifsnyder @ Headcase Design
Redaktion: Birthe Vogelmann
Satz: Lorenz+Zeller GmbH, Inning a. A.
Druck und Bindung: PB Tisk, a.s., Pribram
Printed in the Czech Republic
KW · CF
ISBN 978-3-442-39408-1

www.mosaik-verlag.de

Inhalt

EINLEITUNG 11

KAPITEL 1

CRASHKURS: VORBEREITUNG AUF DIE PUBERTÄT 20

Schöne neue Welt: So verstehen Sie, was Ihren Teenager beschäftigt . . 22

Die wichtigsten Regeln für erfolgreiche Eltern 25

- Ich brauche deine bedingungslose Liebe, Teil 1 27
- Ich brauche deine bedingungslose Liebe, Teil 2 27
- Stärken Sie die innere Stimme Ihres Kindes 28
- Helfen Sie Ihrem Teenager, Lösungswege zu finden 30
- Hören Sie zu 32
- Starten Sie die Kommunikation 33
- Die eiserne Faust bringt nichts 37

Wie man ein gutes Vorbild ist 38

Sie sind nicht Ihr Kind 40

KAPITEL 2

BIOLOGIEUNTERRICHT: WIE SICH KÖRPER UND GEHIRN IHRES TEENAGERS VERÄNDERN 42

Auf den Zeitpunkt kommt es an: Die Pubertät von Mädchen und Jungen 45

- Teenager kann man riechen 46
- Frühe und späte Zeichen für die Pubertät bei Mädchen 47
- Frühe und späte Zeichen für die Pubertät bei Jungen 50

Alles, was Sie über Brüste wissen müssen 51

- BH-Kauf ohne Peinlichkeiten 53
- Die richtige BH-Größe finden 54

Menstruation und Mitgefühl 59

- Es ist kein Fluch! 59
- Notfallmaßnahmen für die Tage 61
- Krämpfe bekämpfen 64

Penis mit Eigenleben: Was läuft da unten? . . . 65
- Einmaleins des nächtlichen Samenergusses . . . 65
- Spontane Erektionen und andere Überraschungen . . . 67

Masturbation ist kein schmutziges Wort . . . 71
- Es ist ganz natürlich . . . 71
- Du wirst nicht blind, echt nicht! . . . 72

Sauber bleiben – Teenagerhygiene . . . 73
- Keine Chance dem Körpergeruch . . . 76

Großbaustelle Denkvermögen: Das Gehirn auf Hormontrip . . . 77
- Meine Amygdala ist schuld! . . . 78
- Ich war ein videosüchtiger Teenager . . . 80

Die Teen-Zombies sind los: Was Sie über den Schlaf von Teenagern wissen müssen . . . 84
- Teenager-Standardzeit . . . 85
- Holen Sie den Schlaf zurück! . . . 88

Es geht unter die Haut: Das Elend mit Pickeln, Mitessern und Akne . . . 89
- Was Sie tun und was Sie lieber lassen sollten . . . 90

Essen ohne Ende: Teenager im Wachstum . . . 93

Den eigenen Körper lieben lernen . . . 95
- Es liegt an den Genen – und noch an einigem mehr . . . 96
- Dein Körper, dein Selbst . . . 97

Eine Glattrasur: Einmaleins der Enthaarung . . . 100
- Tipps für Jungen . . . 100
- Tipps für Mädchen . . . 103
- Tipps bei zwanghaften Teenagern . . . 104

KAPITEL 3
LERNFRUST: DURCH DIE SCHULE KOMMEN . . . 106

Die Schule meistern . . . 108
- Wessen Problem ist das eigentlich? . . . 108
- Warum sind die Noten abgestürzt? . . . 109
- Nicht wütend werden – Hilfe holen . . . 110
- Wie man die Schulnoten rettet, indem man Energie erzeugt . . . 113

Realitätscheck: Was, wenn Ihr Kind wirklich eine Lernstörung hat? . . . 114

Zu Hause ist dort, wo die Hausaufgaben gemacht werden 116
■ Alles eine Frage der Gewohnheit 117
■ Beaufsichtigen oder einmischen? 121
Prüfungsangst: Helfen Sie Ihrem Kind bei der Stressbewältigung 122
■ Atmen ist alles 123
Mobber, fiese Kids und verletzte Gefühle 125
■ Wie man Mobbing erkennt 127
■ Spotlight auf den Mobber 127
■ Die Schule einschalten 129
■ Was Experten sagen 132
Vom Umgang mit »Früchtchen« in der Fahrgemeinschaft 133
Bereit oder nicht bereit: Zeit, über die Uni nachzudenken 135
■ Welcher Campus wird es? 136

KAPITEL 4
SOZIALE STUDIEN: DAS UMFELD IHRES TEENAGERS 140
Sie sind nicht länger das Zentrum im Universum Ihres Kindes 142
Abnabelungssyndrom: Eltern-Edition 143
Die Wahrheit über Cliquen 145
■ Mit der Menge mitlaufen 148
■ Fiese Mädchen, schweigsame Jungen 149
■ Schlecht durch und durch? 150
Tech Talk: Wie Ihr Kind im Cyberspace sicher ist 152
■ Vorbeugung ist die beste Medizin 154
■ Vertrauen, aber gegenchecken 155
■ Pädophile auf der Lauer 156
■ Internetregeln 157
Von Bienchen und Blümchen: Zeit für »das Gespräch« 158
■ Mein Körper, mein Selbst 159
■ Sex lautet das Wort 162
Geschlechtskrankheiten – und andere wichtige Themen 163
■ Risikomanagement 163
■ Schutz, Schutz, Schutz 165

Die unbeständigen Wege der Liebe . . . 166
- Wie man als Eltern Verständnis zeigt . . . 166

Ist mein Teenager homosexuell? . . . 169
Trennungen sind hart . . . 172
Tanzfieber: Schulpartys und Abschlussbälle . . . 174
- Tipps für den Abschlussball . . . 174

KAPITEL 5
REDEBEDARF: WARUM ES WICHTIG IST, IM GESPRÄCH ZU BLEIBEN . . . 178

Gesprächspunkte . . . 180
- Reden, nicht belehren . . . 180
- Sehen Sie es positiv . . . 181
- Verwenden Sie »Ich-Botschaften« . . . 182
- Üben Sie aktives Zuhören . . . 184
- Schadenfreudefreie Zone . . . 185

Wie man mit Lügen umgeht . . . 185
Wenn Widerstand zwecklos erscheint . . . 186
Das alte Schweigen? . . . 187
Drama-Kings und Drama-Queens . . . 189
- Ich hasse dich! Ich hasse dich! . . . 189
- Die Gefahren von obszöner Sprache . . . 192
- Emotionale Ausraster: . . . 193
- Wenn die F-Bombe einschlägt: . . . 195

Düstere Stimmung: Anzeichen für eine Teenager-Depression . . . 196

KAPITEL 6
SPARRINGSPARTNER: DAS AUSTESTEN DER GRENZEN UND DIE UNABHÄNGIGKEIT. 200
Familienregeln und Grenzen 202
- Wahrheit und Konsequenzen. 203
- Der Vollstrecker 205

Rausch und Absturz: Die Risiken von Substanzmissbrauch. 207
- Gut vorbereitet 208
- Wie man »nein« sagt und trotzdem das Gesicht wahrt 212

Teenager am Steuer: Die Regeln der Straße lernen 216
Geld, Job und Verantwortung: Das Taschengeld aufbessern. 218
Lifestyle-Abenteuer 220

KAPITEL 7
SCHULABSCHLUSS: RAUS AUS DEM NEST. WAS KOMMT DANN?. 224
Was Sie erwartet, wenn Sie darauf warten, dass Ihr Kind auszieht 227
Praktische Dinge: Die Heimkehr. 230
Zeit, den Hut in die Luft zu werfen! 232

ANHANG 233
Register 234
Danksagung 238
Die Autorinnen 238
Die Illustratoren. 238

Herzlich willkommen!

Sie sind jetzt Eltern eines Teenagers.

Glückwunsch, Sie haben es als Eltern weit gebracht!

Immer wieder hat man es uns prophezeit: »Wartet nur, bis eure Kinder Teenager sind! Dann geht der Spaß erst richtig los!« Solche Einschüchterungstaktiken sind ziemlich effektiv und verschrecken Mütter und Väter, die gerade zum ersten Mal kurz vor den Teenagerjahren ihrer Kinder stehen. Bei vagen Andeutungen, katastrophengespickten Anekdoten und gemurmelten Warnungen läuft es den meisten Eltern kalt den Rücken herunter, weil wir keine Ahnung haben, was uns bevorsteht – und ob wir dafür bereit sind.

Mehr als einen kurzen Spaziergang durch die Erinnerungen an die eigenen Teenagerjahre und Jugendsünden braucht es aber nicht, um wieder durchzuatmen. Mütter und Väter können stundenlang Geschichten darüber erzählen, wie sie aus dem Fenster des zweiten Stocks geklettert sind, weil sie unbedingt auf eine verbotene Party wollten. Oder, dass man besser bestimmte Freunde nicht erwähnte, wenn man die Erlaubnis wollte, zu einem Konzert zu fahren. Wie sie sich mit Freunden im Schutz der Rhododendronbüsche mit billigem Wein betranken oder wie heiß es mit den Rettungsschwimmern am Strand herging, wie man mit einer Zigarette in der Hand am coolsten wirkte oder wie viele Leute man in ein Auto quetschen konnte, um dann mit voll aufgedrehtem Radio und lauthals singend zum Einkaufszentrum zu fahren …

Oh ja, wir Eltern haben genug solcher leichtsinniger (oder total waghalsiger) Aktionen geliefert. Aber jetzt sind wir diejenigen, die bis weit in die Nacht wach bleiben und ängstlich an den Fingernägeln kauen, bis unser Sohn von seiner ersten Party mit dem Fußballteam der Schule heimkommt. Wir fahren mit geballten Fäusten zum Termin mit dem Direktor, der uns wegen Spicken bei der Schulaufgabe einbestellt hat und plaudern verkrampft mit dem Jungen, der unsere bezaubernde Tochter gleich auf den Abschlussball begleiten wird.

Unsere Eltern haben uns irgendwie durch unsere Teenagerjahre gebracht. Aber wie können wir unsere Kinder begleiten? In Zeiten, die ganz anders sind? Eltern können versucht sein, die Freiheiten ihrer Söhne und

Töchter stark einzuschränken oder jeden ihrer Schritte zu begleiten. Doch das wäre falsch. Es ist der Job eines Teenagers, sich aus dem elterlichen Kokon zu befreien und Autonomie, Selbstvertrauen und Eigenverantwortung zu entwickeln.

Unsere Aufgabe als Eltern ist es, die heranwachsenden Kinder auf ihr Leben als junge Erwachsene vorzubereiten. Diese Zeit kommt schnell genug. Und dazu brauchen wir eine aktive und engagierte Erziehung mit großer Leidenschaft, intensiver Kommunikation, behutsamer Führung und dem Setzen von Grenzen. Dieses Buch liefert Ihnen die praktischen Informationen, mit denen Ihnen das gelingt.

Die Teenagerjahre sind verwirrend für die Heranwachsenden – und für die Eltern. Ständig schwankende Launen, ein Körper, der sich verändert, Hormonschübe, ein komplexes, sich schnell wandelndes soziales Umfeld und das Streben nach Unabhängigkeit geben vielen Eltern das Gefühl, sie würden ihr eigenes Kind nicht mehr kennen. Dabei wollen wir den Kids doch nur beim Erwachsenwerden helfen. In dieser Betriebsanleitung haben wir die Erfahrungen mit Teenagern in sieben Kapitel aufgeteilt.

Crashkurs: Vorbereitung auf die Pubertät befasst sich mit dem Antrieb und den Beweggründen, die dem Verhalten von Jugendlichen zugrunde liegen und ihre Sprunghaftigkeit erklären. Es vermittelt die grundlegenden Dos und Don'ts, mit denen Sie Ihren Teenager beim Erwachsenwerden unterstützen können.

Biologieunterricht: wie sich Körper und Gehirn Ihres Teenagers verändern. Dieses Kapitel erläutert die verschiedenen Abschnitte der Pubertät und beschreibt, was Sie in jeder der Phasen erwartet. Sie erhalten Informationen über Hygiene, Schlaf und Körperbilder von Jugendlichen und erfahren, was Töchter über die Periode und die Entwicklung ihres Busens wissen wollen und was Söhne zu den Veränderungen bei ihrem Penis fragen.

Lernfrust: durch die Schule kommen. Wie gehen Sie mit den heißen Konfliktthemen Hausaufgaben, Stress und Vorbereitung auf den Schulabschluss um?

Soziale Studien: das Umfeld Ihres Teenagers. Hier erfahren Sie, wie unterschiedlich Mädchen und Jungen in Sachen Liebe ticken und was Sie als Eltern über Schwärmereien, Trennungen, Geschlechtsverkehr und über die Einmischung ins Liebesleben Ihres Teenagers wissen müssen. In diesem Kapitel geht es auch um die uralte Frage, wie man seine Kinder aufklärt und wie man mit ihnen über Verhütung und sexuelle Orientierung spricht.

Redebedarf: warum es wichtig ist, im Gespräch zu bleiben. Dieses Kapitel vermittelt Ihnen die besten Strategien für die Kommunikation mit Ihrem Teenager. Es erklärt, wie Sie die Situation entschärfen, wenn Ihr Kind wütend ist oder nicht mehr mit Ihnen spricht, wie Sie mit beleidigender Sprache umgehen und wie Sie erste Anzeichen einer Teenager-Depression erkennen können.

Sparringspartner: das Austesten der Grenzen und die Unabhängigkeit. Warum gehen Jugendliche Risiken ein? Wie sprechen Sie mit Ihrem Teenager über Alkohol- und Drogenmissbrauch? Was muss Ihr Kind vor einer Party wissen (und darüber, wie man sich ohne Einladung einschleicht)? Wie helfen Sie ihm oder ihr, mit dem Druck von Gleichaltrigen umzugehen? Und nicht zuletzt: Wie bereiten Sie Ihren Nachwuchs auf die Fahrschule vor?

Schulabschluss: raus aus dem Nest. Was kommt dann? Dieses Kapitel fasst die Reise, die Sie gemeinsam mit Ihrem Teenager unternommen haben, noch einmal zusammen und gibt Ihnen einen Ausblick auf das, was jetzt kommt. Es zeigt Ihnen, wie Sie mit Ihren Gefühlen umgehen, wenn Ihr Liebling ausgezogen ist und was Sie mit einem Kind machen, das noch lange nach dem Schulabschluss zu Hause wohnt.

Die Pubertät beginnt heute früher – manchmal sogar schon mit acht Jahren! – und dauert länger. Wir hoffen, dass Sie sich mit Hilfe unserer Betriebsanleitung gut vorbereitet fühlen und den erstaunlichen Transformationsprozess Ihres Kindes genießen können. (Dieses Handbuch gibt natürlich nur einen generellen Überblick und ist kein Ersatz für individuelle Fragen und Anliegen, die Sie mit Ihrem Arzt besprechen sollten.) Am Ende der Teenagerzeit wird sich Ihr Sohn oder Ihre Tochter kopfüber in die weite Welt stürzen und bereit sein, sie (natürlich zum Guten) zu verändern. Im Idealfall ist Ihr Kind auf seinem einzigartigen Weg ins Leben mit Widerstandsfähigkeit, Humor und Neugier für alle Herausforderungen, Gefahren und Freuden gut ausgestattet. Und ein gelegentlicher Anruf zu Hause bei den Eltern ist dann auch ganz nett.

Herzlichen Glückwunsch! Willkommen in der Welt der Teenager-Eltern!

Dr. Janice Hillman ist eine angesehene Fachärztin und Jugendmedizinerin, die ihre beiden Töchter bereits durch die Pubertät begleitet hat. Sie hat ihr Wissen und ihre jahrelange Erfahrung in diese Betriebsanleitung eingebracht. Dr. Hillman praktiziert seit mehr als dreißig Jahren an den Kliniken der University of Pennsylvania. Von ihr stammen die Expertentipps, die Sie immer wieder im Buch finden.

SPORTSKANONE
HIP-HOPPER
STREBERIN
KIFFER
KLASSENSYSTEM UNTER TEENAGERN: Freundschaften und

AUSSENSEITERIN
NERD
IT-GIRL
MOBBER
Sozialstatus werden leider vor allem von Labels bestimmt.

Je nach ihrer Persönlichkeit, ihrem Auftreten, ihren Hobbys und Interessen orientieren
Zu welcher zählt sich Ihr Teenager?

ch Teenager an unterschiedlichen sozialen Gruppen.

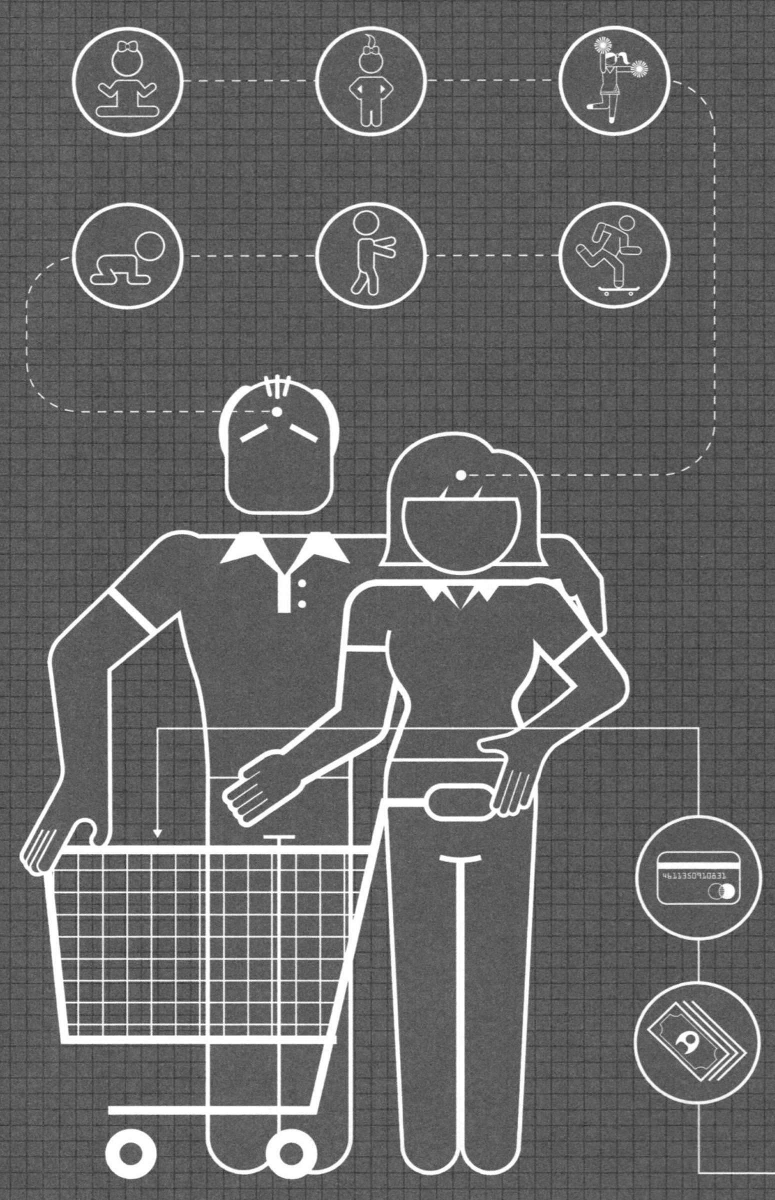
4611350910631

[Kapitel 1]

Crashkurs:

Vorbereitung auf die Pubertät

Vielleicht haben Sie so eine Situation neulich erst erlebt: Während Sie gerade noch fröhlich mit Ihrer Tochter über den Schulball sprechen, schlägt ihre Stimmung schlagartig um, und sie ist völlig verzweifelt, weil sie nicht weiß, mit welchem Jungen sie hingehen soll. Sie unterbrechen Ihre Arbeit, und Ihre Antennen stellen sich auf. Sie sehen sich das schlaksige Kind, das vor Ihnen steht, aufmerksam an und schnuppern wachsam. Ja, Veränderung liegt in der Luft, und sie riecht nach Pubertät. Sie und Ihr Kind haben die Schwelle zur Adoleszenz erreicht.

Schöne neue Welt:

So verstehen Sie, was Ihren Teenager beschäftigt

Für die meisten Eltern lässt sich das Leben besser meistern, wenn sie einmal wissen, was sie erwartet und wie man sich am besten verhält. Das gilt auch für die Teenagerjahre. Manche Kids treiben ihre Eltern mit wilder Rebellion auf die Palme, aber in den meisten Fällen verläuft die Pubertät weitaus weniger dramatisch, auch wenn sie gewöhnungsbedürftig ist. Was auch immer auf Sie zukommt, je mehr Sie darüber wissen, was Ihren Teenager »antreibt«, desto eher können Sie richtig reagieren und die Auseinandersetzungen und lautstarken Proteste im alltäglichen Zusammenleben auf ein Minimum reduzieren. Da müssen Sie durch. Die Pubertät ist nur eine weitere Entwicklungsphase, irgendwann ist es geschafft. (Aber je nachdem, wie viele Kinder Sie haben, sitzen Sie vielleicht für mehrere Runden auf der Achterbahn fest.)

Lassen Sie uns zunächst die Entwicklungsaufgaben ansehen, vor denen Ihr Teenager steht. Sie sind biologisch vorgegeben – alle Teenager müssen diesen Lernprozess durchlaufen, ob er ihnen bewusst ist, oder nicht. Sie müssen lernen:

WARUM TEENAGER TUN, WAS SIE TUN

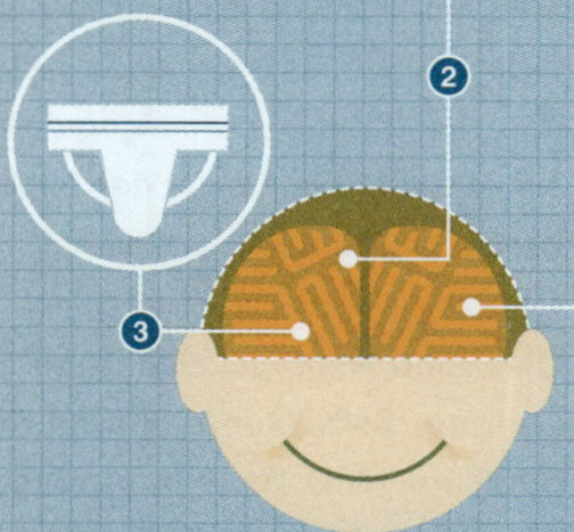

HINWEIS:
Große Anlässe wie der Schulball verlaufen entspannter, wenn Sie schon vorher wissen, dass Sie Ihrem Teenager vertrauen können.

TASKS FÜR TEENAGER:

1. Konkretes Denken zum abstrakten Denken weiterentwickeln
2. Loslösen von den Eltern, neue Looks und Persönlichkeiten austesten
3. Hineinwachsen in den sich verändernden Körper

- den eigenen sich entwickelnden Körper zu verstehen und mit ihm vertraut zu werden. (Ihr Kind lernt seinen neuen Körper zu versorgen, zu pflegen und sich in ihm zu bewegen.)
- ihren Verstand vom konkreten zum abstrakten, differenzierten Denken weiterzuentwickeln. (Irgendwann kann Ihr Teenager Ihnen überzeugend erklären, warum er Ihr Auto für einen Roadtrip mit Freunden braucht, damit sie ein Konzert ihrer Lieblingsband besuchen können.)
- sich von den Eltern loszulösen, neue Persönlichkeiten auszuprobieren und sich zugleich sicher und geborgen zu fühlen, weil sie auf die bedingungslose Liebe ihrer Eltern vertrauen können. (Wie haarsträubend der neue Rockstar-Haarschnitt auch ist – Ihr Kind weiß, dass Sie es in die Arme nehmen, egal, was passiert.)
- dass sie selbst die Kontrolle über ihre Entscheidungen haben (selbst wenn der Vater mit den Zähnen knirscht, wenn er sieht, dass seine Tochter den Klassencasanova datet).
- Autonomie und eine eigene unverwechselbare Persönlichkeit zu entwickeln – unabhängig und deutlich getrennt von den Ansichten der Eltern – und sich dabei auf die eigene innere Stimme verlassen zu können. (Keiner will, dass die Mutter in der Schule auftaucht und das Pausenbrot vorbeibringt oder Freunde aussucht.)

Dies sind wichtige Ziele, und die Kinder haben nur eine relativ kurze Zeit, um Selbstkontrolle und Selbstständigkeit zu lernen, ehe sie das familiäre Nest für einen neuen Lebensabschnitt verlassen. Aber oft entstehen dadurch Konflikte zwischen Eltern und Kindern. Es kommt zu Streit, weil Ihr Teenager auf mehr Freiheiten pocht, als Sie ihm zugestehen. Eine nächtliche Autofahrt mit Freunden, um das Konzert der Lieblingsband zu besuchen? Kommt überhaupt nicht in Frage! Aber die Herausforderung, vor der Sie stehen, lautet, Stück für Stück loszulassen und Ihrem Kind genau die Möglichkeiten zum Wachstum zu geben, die ungefährlich und seiner Reife angemessen sind. Sie müssen üben,

Ihrem Jugendlichen zu vertrauen. Oder anders gesagt: Ehe Ihr Kind beim Abschlussball die Nacht durchfeiert, müssen Sie viele kleine Schritte gehen.

Wenn Sie Ihren Teenager mit Respekt und Achtsamkeit begleiten, kann Ihr Kind viele unterschiedliche Erfahrungen machen:

- Durch Erfolgserlebnisse – oder, oft noch wertvoller, durch Fehler – lernt Ihr Teenager, wie die Welt funktioniert. Nichts bringt ihn effektiver dazu, die Hände von Jägermeister zu lassen, und zwar für den Rest seines Lebens, als sich die Seele aus dem Leib zu kotzen und am nächsten Tag einen fetten Kater zu haben.
- Wenn Sie aktiv erziehen, durchdachte Grenzen setzen und die Einhaltung mit vorhersagbaren und vernünftigen Konsequenzen verknüpfen, helfen Sie Ihrem Jugendlichen, Selbstvertrauen aufzubauen. Er lernt, gut auf sich aufzupassen und begreift schnell, dass »weil es alle tun« nicht Grund genug dafür ist, ein ganzes Wochenende damit zu verbringen, *Guitar Hero* zu spielen.

Die wichtigsten Regeln für erfolgreiche Eltern

Ihr Teenager braucht viel Zeit und Aufmerksamkeit, während er hart daran arbeitet, um herauszufinden, wie man in einer komplexen sozialen Welt überlebt. Es ist verwirrend, deshalb brauchen die Jugendlichen Unterstützung. Sie wollen nicht, dass Sie ihre Probleme lösen oder sich einmischen, aber sie hätten gerne Ihren Beistand, während sie sich durchkämpfen.

BEGEGNEN SIE IHREM KIND MIT LIEBEVOLLER STRENGE:

Wutausbrüche und irrationales Verhalten gehen bis weit in die Pubertät

① 

②

TIPPS FÜR DEN UMGANG MIT IRRATIONALEN TEENAGERN

① Auf die Zunge beißen und lächeln

② Erst beruhigen, dann das freche Benehmen ansprechen

2 Jahre | 7 Jahre | 16 Jahre

Ich brauche deine bedingungslose Liebe, Teil 1

Es überrascht Eltern eher selten, zu welcher Art Teenie sich ihr Kind entwickelt. Kleine Wildfänge wachsen häufig zu herausfordernden Jugendlichen heran, und sanfte Kinder entwickeln sich oft zu entspannten Teenagern. Aber unabhängig von ihrem Temperament müssen alle Heranwachsenden die Sicherheit, Wärme und bedingungslose Liebe ihrer Eltern spüren. Das alleine reicht nicht, aber die brauchen sie unbedingt.

Wenn wir in die Welt hinausgehen und uns wie Idioten aufführen, ist es gut zu wissen, dass wir immer nach Hause zurückkommen und dort wieder auftanken können. Kids müssen das spüren. Zeigen Sie Ihrem Kind, dass Sie es lieben, besonders dann, wenn es neben der Spur ist. Das ist der Moment, in dem Ihr Teenager am verletzlichsten ist.

Ich brauche deine bedingungslose Liebe, Teil 2

Für Sie hat Ihr Teenager die Rolle reserviert, Zeuge seines schlimmsten Benehmens zu sein. Sie sind ein sicherer Ort, an dem er seine am wenigsten liebenswerten Eigenschaften ausleben kann. Erinnern Sie sich noch an den Wutanfall im Einkaufszentrum, als Sie sich weigerten, Ihrer Tochter die absurd teure Designerjeans zu kaufen? Oder die wütende Antwort, als Sie Ihren Sohn gebeten haben, den Müll rauszubringen?

Ob Sie es glauben oder nicht, Ihr Kind hat Angst, dass es sich von Ihnen loslösen muss. Das ist ganz normal. Diese Angst äußert sich verrückterweise darin, dass sich schlechtes Benehmen gegen genau die Person richtet, von der es sich lösen muss. Unlogisch? Ja. Ungewöhnlich? Nein. Obwohl leider Sie die Wutausbrüche, Widerworte und wechselhaften Launen abbekommen:

- Erkennen Sie die Launen als das, was sie sind. Schlagen Sie nicht aus Wut oder verletzten Gefühlen heraus zurück.
- Beißen Sie sich auf die Zunge und lächeln Sie, auch wenn es Ihnen schwerfällt.
- Sprechen Sie die Widerworte oder das aufsässige Benehmen später an, wenn Ihr Blutdruck wieder normal ist und Sie vernünftig mit Ihrem Teenager reden können.

EXPERTENTIPP: *Ich werde von Eltern oft gefragt, warum immer sie vernünftig auf das irrationale Verhalten ihrer Kinder reagieren sollen. Ganz einfach: Sie sind die Eltern, und es ist Ihr Job, immer wieder einen neuen Anlauf zu nehmen. Sie müssen das Vorbild sein, damit Ihr Sohn oder Ihre Tochter lernt. Wenn Sie wollen, dass Ihre Kinder im Leben mit unfairen Situationen klarkommen, müssen erst Sie selbst das Motto »Das Leben ist nicht fair« akzeptieren.*

Stärken Sie die innere Stimme Ihres Kindes

Erinnern Sie sich an das Kind auf dem Spielplatz, das keiner Gefahr aus dem Weg ging? Das zu den großen Kindern rannte und bei ihren wilden Spielen mitmachen wollte? Das vom höchsten Punkt des Klettergerüsts sprang? Oder einen streunenden Hund mit einem Stock ärgerte? Sie haben zugesehen und sich gefragt, ob es wohl bis zur nächsten Snackpause überleben wird.

Manche Kinder besitzen eine sehr laute innere Stimme, die ihnen Sicherheit gibt und sie von Gefahren abhält, während andere scheinbar überhaupt keine – oder nur eine sehr leise – Stimme haben. Aber man kann angeborenes Urteilsvermögen von der frühen Kindheit an durch Übung stärken, damit ihr gesunder Menschenverstand sie im Idealfall bessere Entscheidungen treffen lässt.

- Stellen Sie sich vor, Ihr Teenager ist auf der Party eines Freundes, bei der Jugendliche der Nachbarschule Drogen mitbringen und die Kids zu Sex anstiften – und weit und breit ist kein Erwachsener. Wird sich der Selbstschutz Ihres Kindes zu Wort melden und ihm den dringenden Rat geben: »SOS. Ruf deine Mutter an, sie muss dich hier sofort rausholen!«?
- Nehmen Sie an, dass Gleichaltrige Ihr Kind drängen, etwas Gefährliches zu tun. Wird seine eigene Stimme lauter sein? Wird sich Ihre Tochter selbstbewusst auf ihre Einschätzung verlassen, dass sie besser die Finger davon lässt und weggeht?

Jugendlichen, die von ihren Eltern herumkommandiert werden, fällt es viel schwerer, eine solche Einschätzung zu treffen. Strenge, autoritäre Eltern machen ihre Kinder anfälliger für den Druck der Gleichaltrigen. Sie befolgen schneller die Befehle anderer und haben nicht den Muskel für selbstständiges Denken trainiert. Die innere Stimme des gesunden Menschenverstands hat einen entscheidenden Anteil, wenn Ihr Teenager erfolgreich neue Situationen bewältigt und austestet, was in ihm steckt. (Bei einer Prüfung schummeln? Im Einkaufszentrum klauen? Aufputschpillen einwerfen, wenn man mit Freunden für einen wichtigen Test lernt? Nein, danke.)

[1] Kindern Wahlmöglichkeiten zu lassen, ist einer der einfachsten Wege, wie Eltern zur Entwicklung der inneren Stimme und des gesunden Menschenverstands von Heranwachsenden beitragen können. Gibt es zwei Wege von der Schule nach Hause, lassen Sie Ihrer Tochter die Wahl. Legen Sie einen Preiskorridor fest und lassen Sie Ihren Sohn seine Turnschuhe selbst aussuchen. Fangen Sie an zu üben, wenn die Latte noch nicht so hoch liegt und beide Wahlmöglichkeiten für Sie in Ordnung sind. Nike oder Vans? Deine Wahl, Sportsfreund.

[2] Fördern Sie das flexible Denken und üben Sie, »verschiedene Grau-

töne« zu erkennen, indem Sie mit Ihrem Kind über das sprechen, was es im Alltag erlebt oder im Fernsehen sieht:

- Fragen Sie Ihr Kind, ob es das Verhalten, das es gesehen hat, für richtig hält.
- Fragen Sie nach, was die Person seiner Ansicht nach hätte tun sollen.
- Fragen Sie, ob es glaubt, dass die Person eine bessere Entscheidung hätte treffen können.

Die Welt ist voller Situationen, aus denen man Lernmomente machen kann: auf dem Spielplatz, in Radioreportagen, Zeitschriftenartikeln, Songtexten und sogar Schnipseln von Unterhaltungen, die wir zufällig im Supermarkt mithören. Wenn Sie Ihr Kind zu einem mutigen, unabhängig denkenden Menschen erziehen wollen, sollten Sie ihm beibringen, Gruppendenken zu hinterfragen. (Wenn Sie nicht gerade dabei sind, ihm zu erklären, dass es jetzt seine Hausaufgaben machen muss.)

EXPERTENTIPP: *»Hmm, ist das wirklich clever?«, »Ich bin mir nicht sicher, ob ich wirklich …« Ich bringe Teenagern bei, diese Bauchgefühle zu erkennen. Mit diesen ambivalenten Gefühlen signalisiert der Verstand Ihrem Sohn oder Ihrer Tochter: »Stopp, geh weg, sag ›nein‹.« Jugendliche müssen lernen, diesen Gefühlen zu vertrauen!*

Helfen Sie Ihrem Teenager, Lösungswege zu finden

Wenn Ihr Teenager Ihnen von einem Problem erzählt, neigen Sie vielleicht dazu, ihm einfach zu sagen, was Sie in dieser Situation tun würden. Aber damit kann er nicht üben, wie er Probleme in die eigene Hand nehmen kann.

[1] Bitten Sie ihn, das Problem zu beschreiben. Sprechen Sie mit ihm unterschiedliche Lösungsmöglichkeiten durch, damit er nicht nur die Wahl zwischen Schwarz und Weiß hat.

[2] Spielen Sie mit ihm die Konsequenzen aller möglichen Handlungsalternativen durch. Bitten Sie ihn, die kurz- und langfristigen Folgen zu beschreiben.

[3] Spielen Sie beim Lösen von Problemen den Coach. Die Hausarbeit schreibt sich nicht, während Sie ihm dabei zuhören, wie er in Dauerschleife »ich bin geliefert« stöhnt. Wenn Sie mit Ihrem Kind über Lösungsmöglichkeiten sprechen, kann es üben, nicht in diesen unproduktiven, passiven Verzweiflungsmodus zu verfallen. Es ist eine wirksame Botschaft, dass man Probleme lösen kann, indem man sie in Angriff nimmt. Schlagen Sie vor, die Aufgabe in mundgerechte Portionen aufzuteilen. (Erinnern Sie sich an die Parole von Bob dem Baumeister? »Können wir das schaffen? Yo, wir schaffen das!«)

Manchmal realisieren Teenager gar nicht, dass sich ein Problem lösen lässt. Wenn sich ihre Tochter darüber beschwert, dass sie nicht zu einer bestimmten Clique von Freundinnen gehört, fragen Sie nach, ob sie glaubt, dass es einen Weg gibt, bei ihnen mitzumachen. Vielleicht antwortet sie: »Na ja, die treffen sich immer freitags zum Pizzaessen am anderen Ende der Stadt.« Bieten Sie an, sie dorthinzufahren. Voilà!

Denken Sie, wenn sich Ihr Teenager in einer schwierigen Situation befindet, immer daran, schon die Bemühungen, mit denen er versucht, diese in den Griff zu bekommen, zu verstehen und zu loben. Würdigen Sie nicht das Endergebnis, sondern das, was er unternommen hat. Vielleicht wird Ihre Tochter trotzdem nicht zu der Party eingeladen, auf die sie gerne gehen würde, aber wenigstens hatte sie den Mut, es zu versuchen.

Kinder können viel lernen, wenn sie die Eltern beim Lösen von Problemen beobachten:

- Der Flug Ihrer Familie wurde gecancelt? Statt sich wütend aufzuregen, gehen Sie zum Informationsschalter und fragen nach Ersatzflügen. Überlegen Sie, ob Sie ein Auto mieten können oder in der Zeit, in der Sie darauf warten, dass es neue Informationen gibt, etwas essen gehen.
- Denken Sie laut darüber nach, wenn Sie Ihre Alternativen durchgehen. Binden Sie Ihr Kind in Ihren Entscheidungsprozess ein, damit es sehen kann, dass Sie dabei gelassen bleiben.

Es ist immer gut, ein Problem zu lösen, ohne dass jemand die Beherrschung verliert.

Hören Sie zu

Teenager möchten die Möglichkeit haben, ihren Eltern jede Frage zu stellen. Sie werden den offenen Kommunikationskanal nicht immer nutzen, aber es ist wichtig für sie zu wissen, dass sie es jederzeit tun könnten. Wiederholen Sie einfach immer wieder: »Du kannst mich alles fragen.« Eines Tages wird Ihr Teenager Sie damit überraschen, dass er sich Ihnen bei einem schwierigen Thema anvertraut. Er lässt eine beiläufige Frage über einen »Freund« fallen, der gemobbt wird oder erzählt von einem Schüler, der eine Geschlechtskrankheit hat oder berichtet vom Vater oder der Mutter eines Mitschülers, der geraucht hat und an Lungenkrebs gestorben ist.

[1] Fallen Sie Ihrem Jugendlichen nicht ins Wort, wenn er erzählt. Das kann hart sein, aber es lohnt sich, den Mund zu halten und einfach nur zuzuhören.

[2] Warten Sie nicht ungeduldig auf eine Erzählpause, damit Sie endlich Ihren Vortrag halten können. Hören Sie aufmerksam und unvoreingenommen zu. Behalten Sie jedes Urteil für sich.

[3] Zeigen Sie nicht, wie sehr es Sie freut, dass er sich Ihnen anvertraut. Sie wollen nicht, dass er sich erschreckt zurückzieht und in seinem Zimmer verschwindet.

Starten Sie die Kommunikation

Viele Teenager neigen dazu, sich mit ihren Freunden oder ihren Computern zu isolieren, anstatt sich die Zeit zu nehmen, mit ihren Eltern zu sprechen. Seien wir doch ehrlich: YouTube kann viel unterhaltsamer sein als ein offenes Gespräch mit dem Vater. Bauen Sie ein paar Rituale in Ihr Familienleben ein, die Gelegenheiten zum Gedankenaustausch bieten.

- Nehmen Sie Mahlzeiten, wann immer es geht, gemeinsam ein. Versuchen Sie es mindestens drei- bis viermal in der Woche einzurichten, wenn nicht noch öfter. Das Essen bietet die ideale Gelegenheit für Kinder, um über ihren Tag zu sprechen und Themen zu diskutieren, die sie gerade beschäftigen. Zusammen beim Essen am Tisch zu sitzen schafft eine Nähe, die von selbst dazu führt, sich auszutauschen.
- Wenn Sie gemeinsame Mahlzeiten schlecht einrichten können, sorgen Sie für gemeinschaftliche Snackpausen oder einen Sonntagsbrunch. Zusammen einen Teller mit Nachos zu vertilgen, kann zu einer Unterhaltung über Teilen, Fairness und Gier führen. Teenager haben viele Meinungen dazu, was sie für fair halten. Schnappen Sie sich ein paar Chips vom Teller und lassen Sie Ihre Kids angeregt erzählen.
- Denken Sie daran, den Fernseher oder das Radio auszuschalten, wenn

DOS UND DON'TS FÜR GESPRÄCHE IN DER FAMILIE
1 Nehmen Sie die Mahlzeiten so oft wie möglich gemeinsam ein.
2 Unterhalten Sie sich bei einem Snack, falls Sie nicht regelmäßig zusammen essen können.
3 Stellen Sie den Computer an einem gemeinsamen Ort auf, dann können Sie kontrollieren, dass Ihr Kind nicht den größten Teil seiner Freizeit damit verbringt.
4 Denken Sie daran, den Fernseher auszuschalten, damit er niemanden abgelenkt.
5 Handys oder andere elektronische Geräte sind bei den Mahlzeiten verboten.
Mai 4
Mai 12
Mai 20
Mai 28
1
»Papa, rate mal, was wir heute in der Schule gemacht haben!«

»Mama, ich will
beim Theaterstüc
mitspielen!«
2
3
4
5
»Das ist super!«
REGELN FÜR DIE GEMEINSAMKEIT:
Mahlzeiten sind eine großartige Gelegenheit ins Gespräch zu kommen.

Sie sich zusammensetzen, damit es keine Ablenkung gibt. Machen Sie es sich zur Regel, während des Essens nicht ans Telefon zu gehen.

- Handys oder andere elektronische Geräte sind nicht erlaubt, wenn die Familie zusammensitzt. Jugendliche ziehen sich leicht in ihre eigene Welt zurück, wenn sie in Gedanken bei ihrem letzten Social-Media-Post sind.
- Stellen Sie den Familiencomputer an einem gemeinschaftlichen Ort auf, dann bemerken Sie, wenn Ihr Kind zu viel Zeit vor dem Bildschirm verbringt. Computer, Internet und E-Mails können riesige Zeitfresser sein, und die Medienzeit geht zu Lasten der Familienzeit.
- Planen Sie einen Spaziergang oder eine andere Unternehmung. (Gehen Sie eine Kleinigkeit essen oder fahren Sie zum Baumarkt.) Es geht nicht darum, ernste Gespräch zu führen, aber während Sie nebeneinander herlaufen, bietet sich die Gelegenheit zu reden von selbst. Wenn man beschäftigt ist, löst sich manchmal die Zunge. Vor allem Jungen werden gesprächiger, wenn sie von etwas anderem in Anspruch genommen sind.
- Am wichtigsten ist, dass Sie Ihr Kind wissen lassen, wie sehr Sie es lieben. Je mehr Ihr Teenager weiß, wie stolz Sie auf ihn sind und wie sehr Sie seine Gesellschaft genießen, desto wahrscheinlicher schätzt er sich selbst. Ein gutes Selbstbewusstsein ist unersetzlich, wenn es darum geht, unangenehmem Gruppendruck standzuhalten.

EXPERTENTIPP: *Falls Ihr Kind Lernschwierigkeiten oder eine chronische Krankheit hat, sollten Sie aufpassen, dass Sie mit ihm nicht nur über Dinge sprechen, die mit seinen speziellen Bedürfnissen zusammenhängen. Wenn Sie Ihre Tochter immer nur drängeln, mit den Hausaufgaben fertig zu werden oder mit ihr über die schulischen Anforderungen sprechen, werden sich Ihre Gespräche negativ aufladen. Bemühen Sie sich besonders darum, die schwierigen Themen außen vor zu lassen und auch über ganz anderes zu sprechen.*

Die eiserne Faust bringt nichts

Das Vorhaben, einen Teenager zu kontrollieren, ist von vornherein zum Scheitern verurteilt. Anders gesagt: Das funktioniert nie! Natürlich soll das nicht heißen, dass Sie im Zustand der Anarchie leben müssen. Damit sich alle in der Familie geborgen fühlen und ihren Seelenfrieden haben, brauchen Sie klare und durchsetzbare Haus- und Familienregeln. Wenn Sie zum Beispiel nicht wollen, dass Ihr Kind T-Shirts mit blöden Sprüchen trägt, stellen Sie die Regel »keine geschmacklosen T-Shirts« auf.

Die Durchsetzung von Regeln ist aber eine ganz andere Sache. Ihr Sohn ist nicht mehr in dem Alter, in dem Sie ihn von seinem Bruder wegzerren konnten, weil es Streit über die Legosteine gab.

[1] Stellen Sie ein paar einfache Hausregeln auf und legen die Konsequenzen dafür fest, wenn sie nicht eingehalten werden.

[2] Vergessen Sie nicht, die Gründe für die Regeln zu erklären.

[3] Wird eine Regel gebrochen, müssen Sie den Grund dafür herausfinden. Thematisieren Sie ihn und lassen Sie sich eine Erklärung geben. Die Sichtweise Ihres Kindes wird Sie vielleicht überraschen.

[4] Ziehen Sie Konsequenzen oder streichen Sie – wie vereinbart – Freiheiten. Sie wollen nicht, dass Ihr Kind Sie nicht für standfest hält.

Wie man ein gutes Vorbild ist

Eltern sind sehr einflussreiche Rollenvorbilder. Das Verhalten, das Ihre Kinder bei Ihnen beobachten, wird die Grenzen ihres eigenen Verhaltens definieren: Wenn Sie Ihren Mann ankeifen, wird Ihr Kind glauben, dass das völlig in Ordnung ist. Eltern, die regelmäßig herumbrüllen, ziehen Kinder groß, die meist zurückbrüllen. Kinder haben eine verblüffende Art, die Familienwerte zu verinnerlichen, indem sie die Eltern Tag für Tag beobachten. Also:

- Wenn Sie nicht wollen, dass Ihr Sohn wie ein Seemann flucht, verwenden Sie keine Kraftausdrücke.
- Wenn Sie nicht wollen, dass Ihre Tochter ihren Ärger an anderen auslässt, sollten Sie beim nächsten Mal nicht laut werden, wenn Sie auf dem Weg zur Schule im Stau stecken bleiben.
- Falls Sie nicht wollen, dass Ihr Teenager Alkohol trinkt, dann sollten Sie nicht jeden Abend einen After-Work-Cocktail mixen oder sich einen Schwips vor Ihren Kindern antrinken.

Sagen Sie Ihrem Kind, wenn Ihnen etwas ehrlich leidtut oder Sie Ihre Meinung geändert haben. Falls Sie einen Fehler gemacht haben, stehen Sie dazu – und dann geht das Leben weiter. Für Ihren Teenager ist es wichtig zu sehen, dass Sie über Ihre Fehler lachen können und versuchen, es beim nächsten Mal besser zu machen. Er weiß mit Sicherheit, dass Sie nicht perfekt sind, aber jetzt kann er sehen, wie Erwachsene mit ihrer Unvollkommenheit leben und dennoch selbstbewusst sind. Denken Sie daran, wenn Sie Ihren Teenager zum Kino bringen und verzweifelt versuchen, in die Parklücke zu rangieren. Lachen Sie darüber, wenn die Freunde Ihres Kindes anfangen zu kichern, und erklären Sie ihnen, dass Übung den Meister macht.

Eltern, die sich um sich selbst kümmern und gerne mit ihrem Ehe-

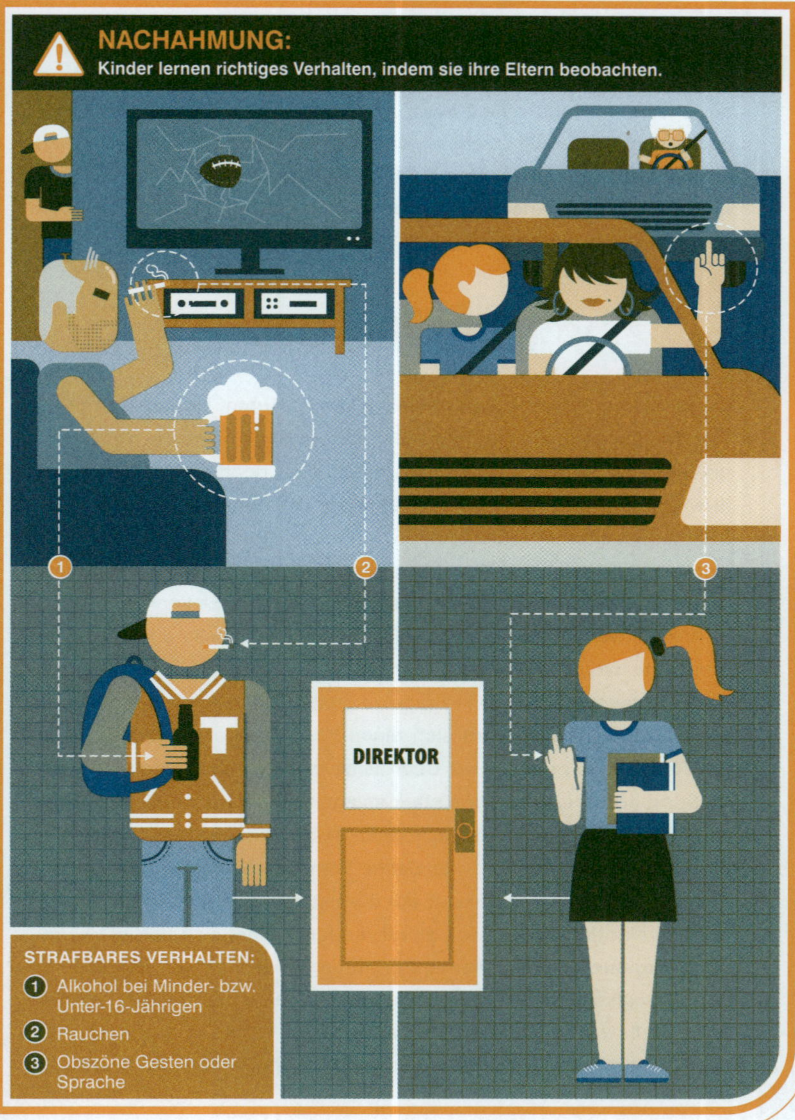
NACHAHMUNG:
Kinder lernen richtiges Verhalten, indem sie ihre Eltern beobachten.
1
2
3
DIREKTOR
STRAFBARES VERHALTEN:
1 Alkohol bei Minder- bzw. Unter-16-Jährigen
2 Rauchen
3 Obszöne Gesten oder Sprache

partner zusammen sind, sind ein wunderbares Vorbild für ihre Teenager. Wenn Ihr Kind erlebt, dass Sie sich gesund ernähren, sich bewegen, sich mit Freunden treffen, genügend schlafen, gerne etwas Neues lernen, anderen Menschen mit Respekt begegnen und das Leben genießen, wird das seine Erwartungen an sein Leben formen und ihm eine Vision vom Erwachsensein geben.

Sie sind nicht Ihr Kind

Sie können sich schon darauf einstellen: Auf Ihrem Leidensweg durch das Coming-of-Age Ihres Teenagers wird es auch Momente der Selbsterkenntnis geben. Fast alle Eltern durchleben noch einmal unfreiwillig ihre eigenen Teenagerjahre und rühren in der Pubertät ihrer Kinder einen Haufen alter Geschichten auf.

Sie müssen sich emotional darauf vorbereiten, dass Ihre Meinungen und Werte von Ihrem Kind in Frage gestellt werden. Es kann sehr irritierend sein, wenn man feststellt, dass man hart erarbeitete Überzeugungen aktualisieren und anpassen muss.

Die eigenen Komplexe in Frage zu stellen, kann Unsicherheiten ans Licht bringen. Sie machen sich einen Kopf darüber, ob Ihr Teenager beliebt ist? Wie er aussieht? Über seine grässlichen Klamotten? Ob er im Sport erfolgreich ist? Wie stark spiegelt Sie Ihr Jugendlicher? Wenn es darum geht, Eltern zu sein, können Verstrickungen und Über-Identifikationen mit Ihrem Kind die Sache kompliziert machen. Fragen Sie sich selbst: Reagieren Sie nur auf die aktuelle Situation, oder schleppen Sie emotionales Gepäck aus Ihrer Jugend mit sich herum? Versuchen Sie, Ihre eigenen Teenagererfahrungen so weit wie möglich von den Erlebnissen Ihres Kindes zu trennen, dann ist der Boden, auf dem Sie sich bewegen, sicherer. Nur weil Sie als Teenie in den 80er- oder 90er-Jahren eine grauenvolle Frisur hatten, heißt das nicht, dass Ihr

Kind in dieselbe Frisurenfalle tappen wird. Nur weil Ihre Tochter es nicht in die Sportmannschaft geschafft hat, bedeutet das nicht, dass sie genauso darunter leidet, wie Sie damals darunter gelitten haben.

EXPERTENTIPP: *Meiner Erfahrung nach kämpfen die Eltern, die am meisten Stress und Ärger mit ihren Teenagern haben, am stärksten mit der eigenen Unsicherheit und Identität. Daher empfehle ich, wenn es Schwierigkeiten in einer Familie gibt, neben einer Therapie für den Jugendlichen oft parallel eine Therapie für die Eltern. Die Kommunikation verbessert sich, wenn beide Seiten ihre Beweggründe und Gefühle kennen.*

DermaPro
SHAVE EASY
TAMPONS

[Kapitel 2]

Biologieunterricht:

Wie sich Körper und Gehirn Ihres Teenagers verändern

Alles, was ein Teenager will, ist »normal« zu sein und nicht aufzufallen. Bloß keine Aufmerksamkeit auf sich lenken! Jugendliche tendieren dazu, unglaublich befangen zu sein. Das erste Mädchen, das Schamhaare bekommt: Nein, danke. Das Mädchen mit dem größten Busen? Nie im Leben. Der Junge, der im Englischunterricht spontane Erektionen bekommt: Auf gar keinen Fall.

Während der Pubertät wollen die meisten Kinder in der Menge mitlaufen und weder Anführer noch Nachzügler sein. Aber die Bandbreite der normalen Entwicklung ist so groß, dass Kinder leicht verunsichert sein können, wo sie selbst eigentlich stehen. Es ist Ihre Aufgabe als Eltern, alle Fragen zu beantworten und Ihrem Kind auf seinem Weg den Rücken zu stärken.

Sie können sich vorstellen, wie verunsichert und überrascht ein Junge möglicherweise über seinen ersten »feuchten Traum« ist oder welche Angst ein Mädchen haben kann, wenn sie unvorbereitet ihre erste Periode bekommt. Als Eltern müssen Sie im Vorfeld mit Ihrem Sohn oder Ihrer Tochter darüber sprechen, welche Veränderungen sowohl körperlich als auch seelisch auf sie zukommen werden. Ist Ihr Kind gut informiert, stärkt das nicht nur sein Selbstbewusstsein, es wird auch davor geschützt sein, den Schauermärchen oder den kuriosen Informationen anderer verwirrter Kinder zu glauben. (»Ryan sagt, dass man sehen kann, wenn jemand masturbiert. Dann sind die Handflächen behaart. Oder kriegt man davon Akne? Oder fallen die Haare aus?« Ähm …)

Auf den Zeitpunkt kommt es an:

Die Pubertät von Mädchen und Jungen

Jeder Körper hat seinen eigenen individuellen Zeitplan. Aber die Jahre in der weiterführenden Schule werden in der Regel als »heiße Phase« in der Entwicklung menschlicher Heranwachsender angesehen.

- Das Gehirn und bestimmte Drüsen stoßen den Prozess durch die Produktion von Hormonen an. (Jungen und Mädchen haben dieselben Sexualhormone. Beide Körper bilden sowohl Östrogen als auch Testosteron. Der Unterschied liegt in der Menge und der Reaktion des Körpers auf das jeweilige Hormon.)
- Durch die Hormone beginnt sich der Körper stark zu verändern. Sie beeinflussen auch das seelische Gleichgewicht Ihres Jugendlichen. Leute, das ist ganz normal!
- Die Pubertät der Mädchen beginnt circa zwei Jahre früher als die der Jungen – ungefähr mit zehn oder elf Jahren, aber sie kann jederzeit zwischen neun und dreizehn Jahren einsetzen.
- Jungen kommen typischerweise mit etwa zwölf Jahren in die Pubertät, aber sie kann jederzeit zwischen elf und vierzehn Jahren losgehen.

EXPERTENTIPP: *Bei manchen Kindern setzt die Pubertät extrem früh ein, man spricht dann von »früher Pubertät«. Sprechen Sie mit Ihrem Kinderarzt, wenn Ihre Tochter jünger als acht Jahre oder Ihr Sohn jünger als neun Jahre alt ist. Klären Sie ab, ob nicht eine weitere medizinische Indikation dafür verantwortlich ist.*

Teenager kann man riechen

Der Beginn der Pubertät ist oft schleichend. Je nachdem, wie stark das Schamgefühl Ihres Teenagers ausgeprägt ist, kann es sogar sein, dass Sie die ersten Anzeichen völlig übersehen. (Einsetzen des Brustwachstums und der Schambehaarung bei Ihrer Tochter oder des Hodenwachstums bei Ihrem Sohn.) Vielleicht ist Ihr Kind schon seit einem Jahr in der Pubertät, ehe Sie es bemerken. Normalerweise ist der Körpergeruch der erste Hinweis. Die apokrinen Drüsen fangen an, verstärkt Schweiß zu produzieren, der Schweiß vermischt sich mit Bakterien, und in den Achselhöhlen und im Genitalbereich entsteht Schweißgeruch.

Es gibt ein paar Faktoren, die dabei helfen vorherzusagen, wann die Pubertät beginnt, aber wetten sollte man darauf nicht.

Familiengeschichte. Der Pubertätsbeginn von Mutter oder Vater bietet oft einen Hinweis, in welchem Alter die Entwicklung beim gleichgeschlechtlichen Kind anfängt. Wenn sich eine Mutter fragt, wann wohl die Menstruation ihrer Tochter einsetzen wird, sollte sie sich daran erinnern, wann sie selbst ihre erste Periode hatte, daran lässt es sich gut abschätzen.

Gewicht. Adipositas oder Übergewicht können den Prozess anstoßen. Das zusätzliche Körperfett kann dem Gehirn das Signal geben, mit der frühen Pubertät zu beginnen. Umgekehrt kann Untergewicht oder Magersucht den Beginn der Adoleszenz verzögern. Die Menstruation kann bei Sportlerinnen mit extrem geringem Körperfett verspätet einsetzen (primäres Ausbleiben der Regelblutung) oder nach der ersten Periode wieder aussetzen (sekundäres Ausbleiben der Regelblutung).

Kinder gehen in einem unterschiedlichen Tempo durch die Pubertät. Manche durchlaufen den ganzen Prozess in einem Jahr, bei anderen

dauert er sechs Jahre. Der Durchschnitt beträgt – vom Anfang bis zum Ende – drei bis vier Jahre.

EXPERTENTIPP: *Nachdem der Körper des Heranwachsenden in die Pubertät gekommen ist, kann sich die Entwicklung verlangsamen oder pausieren, ehe sie erneut einsetzt und Fahrt aufnimmt. Jungen oder Mädchen können selbst dann noch wachsen, wenn die sekundären Geschlechtsmerkmale ausgebildet sind, manchmal bis zum Ende ihrer Teenagerjahre.*

Frühe und späte Zeichen für die Pubertät bei Mädchen

Zu den ersten Hinweisen, dass bei Ihrer Tochter die Pubertät einsetzt, gehören:

- Brustknospen. Diese Knospen sind kleine Gewebeverdickungen, die unter den Brustwarzen wachsen. Die Brustknospen können empfindlich auf Berührungen reagieren und unterschiedlich groß sein. (Jungen entwickeln manchmal kleine Knospen, weil ihre Hormonproduktion ansteigt. Kein Grund zur Sorge. Man nennt das Gynäkomastie oder Männerbrust. Sie verschwindet normalerweise innerhalb von achtzehn Monaten.)
- Haare wachsen unter den Achseln und im Schambereich.
- Körpergeruch

Die weitere Entwicklung Ihrer Tochter können Sie später auch an diesen Merkmalen erkennen:

- Die Größe und Form der Brüste bildet sich heraus. Die Vagina produziert Ausfluss, und die Gebärmutter, die Eierstöcke und die Eileiter wachsen.

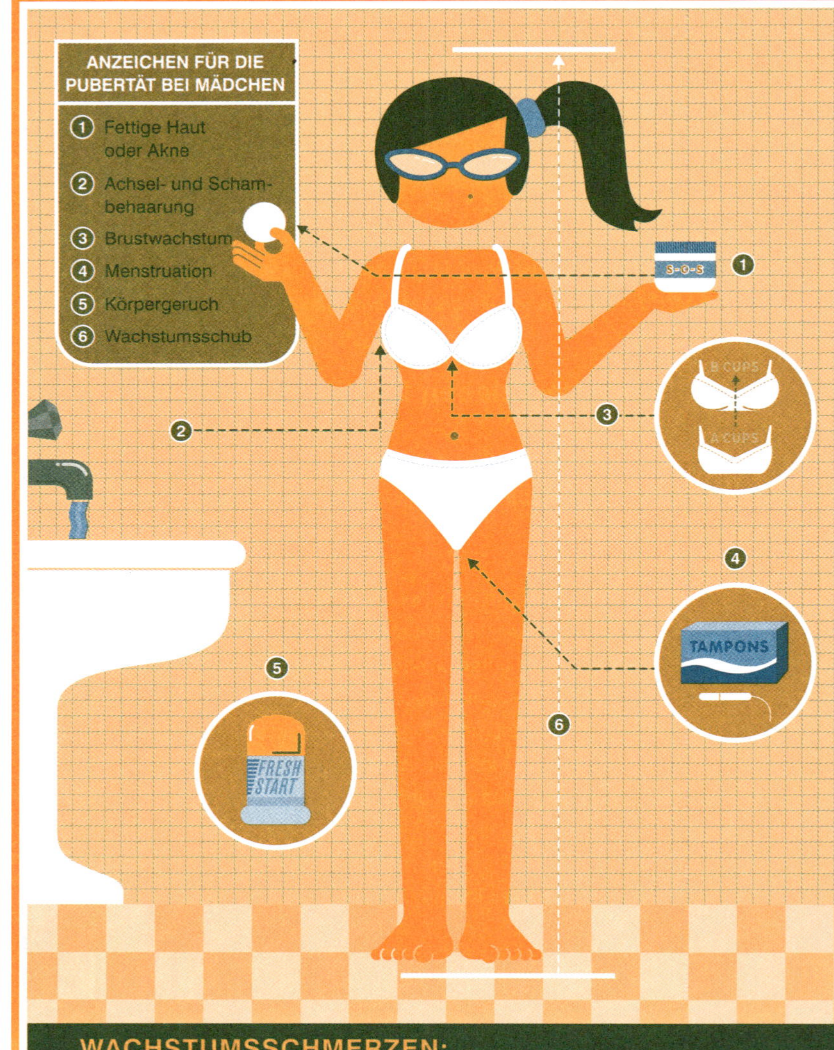

WACHSTUMSSCHMERZEN:

Jungen und Mädchen entwickeln sich mit unterschiedlichem Tempo. Beide erleben bis i

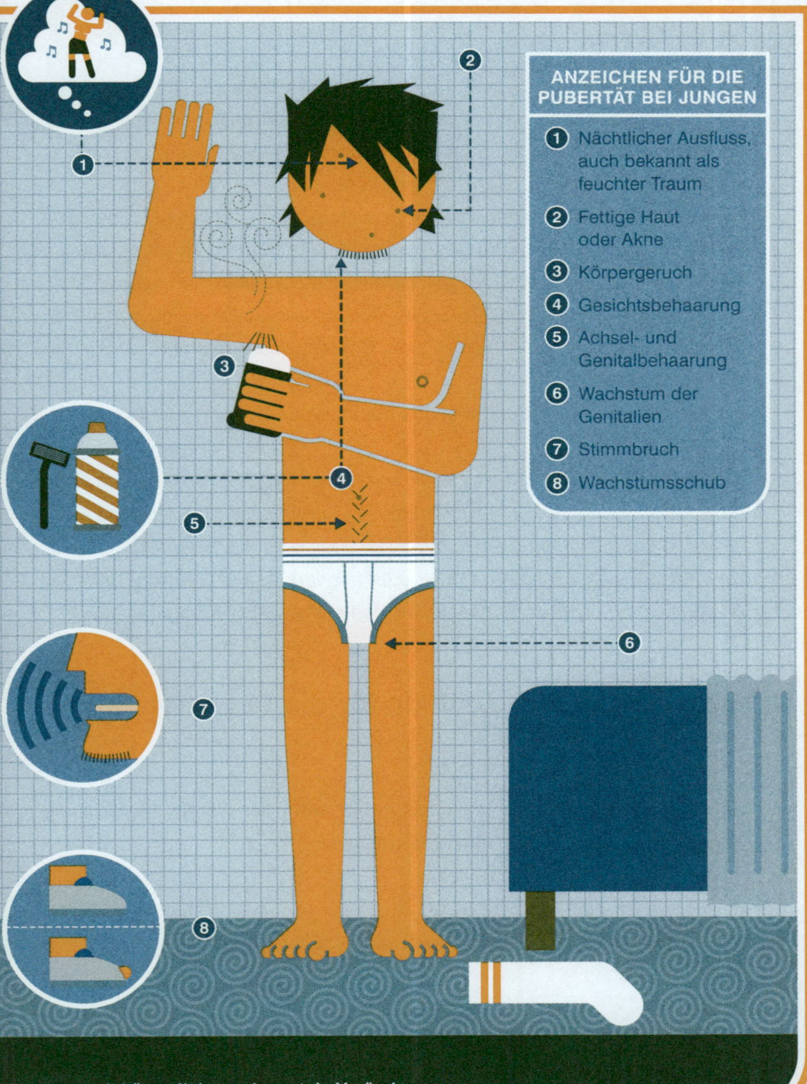

e Teenagerzeit körperliche und mentale Veränderungen.

- Die Menstruation setzt ein, normalerweise ein bis zwei Jahre nachdem die Pubertät begonnen hat. Das Durchschnittsalter liegt bei zwölf Jahren, aber alles zwischen neun und fünfzehn Jahren gilt als normal.
- Das Schamhaar wird fester und verdichtet sich.
- Ihre Tochter macht einen Wachstumsschub, normalerweise ein bis zwei Jahre nachdem die Pubertät begonnen hat. Mädchen hören oft bereits mit dem Wachstum auf, bevor Jungen damit anfangen. Mädchen neigen dazu, zunächst ihre Knochen zu strecken, dann Muskelgewebe und schließlich Körperfett zu bilden. Die Hüften und Oberschenkel nehmen zu. Sie bekommt Kurven!
- Die Haut wird fettiger und manche Mädchen bekommen – leider – Akne.

EXPERTENTIPP: *Ich werde oft von Müttern angerufen, die mich nach Ausscheidungen aus der Vagina fragen. Es ist völlig normal, dass ein Mädchen, während ihre Vagina reift, durchsichtigen oder weißen Schleim produziert. Wenn der Ausfluss verfärbt ist oder riecht oder juckt, sollten Sie einen Arzt aufsuchen. Viele Mädchen fühlen sich mit einer Slipeinlage wohler.*

Frühe und späte Zeichen für die Pubertät bei Jungen

Zu den ersten Anzeichen, dass bei Ihrem Sohn der Wachstumsprozess beginnt und die Pubertät einsetzt, gehören:

- Hodenwachstum
- Haare wachsen unter den Achseln und im Genitalbereich.
- Körpergeruch

Die weitere Entwicklung Ihres Sohnes können Sie später auch an diesen Merkmalen erkennen:

- Der Penis wird länger und dicker. Der Hodensack wird dunkler und hängt tiefer.
- Das Schamhaar wird fester und verdichtet sich.
- Der Bartwuchs setzt ein.
- Der Kehlkopf (Larynx) und die Stimmbänder wachsen, die Stimme wird tiefer.
- Er macht einen Wachstumsschub. Normalerweise wachsen zuerst die Füße und Hände, dann die Arme und Beine und schließlich der Körper. Bei Jungen wachsen Knochen und Muskeln meist gleichzeitig und proportional. Sie können in einem Jahr zehn bis fünfzehn Zentimeter Körpergröße zulegen. Die Wachstumsperiode kann insgesamt zwei bis drei Jahre dauern. Kein Wunder, dass manche Kinder über Wachstumsschmerzen klagen!
- Die Haut wird fettiger, viele Jungen bekommen Akne.

Alles, was Sie über Brüste wissen müssen

Wenn die Entwicklung ihrer Brüste einsetzt, reagieren die meisten Mädchen mit einer Mischung aus Ehrfurcht, Stolz und Verlegenheit. Die gute Nachricht: Der Busen ist nicht besonders »wartungsintensiv«. Alles, was Ihre Tochter braucht, ist ein guter BH.

Hier ein paar Fakten:

[1] Das Brustwachstum beginnt mit der Entwicklung der Brustknospen. Hormone triggern das Wachstum von Brustgewebe, Fett und Drüsen unter den Brustwarzen.

[2] Die Brüste wachsen weiter und entwickeln übergangsweise eine spitze Form, ehe sie die endgültige Form des erwachsenen Busens annehmen.

Diese Zwischenphase ist für viele Teenager schwierig. Die Brüste sind zu klein für einen Büstenhalter, aber schon so weit entwickelt, dass sich die Mädchen ihrer neuen Formen sehr bewusst sind. Manche Mädchen tragen erst einmal Tanktops oder Sport-BHs, bis sie bereit für ihren ersten Büstenhalter sind.

[3] Manchmal entwickeln sich die beiden Brüste unterschiedlich schnell und sehen zunächst ein bisschen schief oder einseitig aus. Normalerweise gibt sich das, wenn sie die letzte Phase der Brustentwicklung erreichen, aber nicht immer.

[4] DIE typische Brust gibt es nicht. Brüste haben viele unterschiedliche Formen und Größen, von kaum sichtbar bis zu einem Umfang, der Rückenschmerzen verursachen kann.

[5] Die Brustgröße wird tendenziell vererbt. Mütter mit schweren oder kleinen Brüsten geben die Größe oft an ihre Töchter weiter.

Viele Mädchen können es gar nicht erwarten, ihren ersten BH zu bekommen, andere stehen der Tatsache, kein Kind mehr zu sein, eher zwiespältig gegenüber. Auch wenn sie körperlich schon weit zu sein scheinen, sind sie zögerlich, wenn es um den Kauf des BHs geht. Es fällt Ihnen vielleicht gar nicht auf, dass Ihre Tochter eine Stütze für ihren Busen benötigt, vor allem dann, wenn Sie sehr beschäftigt oder abgelenkt sind und Ihre Tochter meist große Sweatshirts oder weite Kleidung trägt. Sind Sie beide so weit, den ersten BH zu kaufen? Hier ein paar einfache Tipps, mit denen Sie die Situation für Ihre Tochter so leicht wie möglich machen.

BH-Kauf ohne Peinlichkeiten

Zur Erinnerung: Viele Teenager sind total gehemmt. Der Kauf des ersten BHs steht bei Mädchen oft ganz oben auf der Liste der peinlichen Erfahrungen.

- Überlegen Sie, ob Sie die große Schwester oder eine enge Freundin als moralische Unterstützung mitnehmen. Der kleine Bruder muss definitiv zu Hause bleiben.
- Behalten Sie im Hinterkopf, dass Ihre Tochter den BH-Einkauf vielleicht als streng geheime Undercover-Operation behandeln will. Sie wird sie vielleicht sofort abbrechen, sobald sie ein bekanntes Gesicht sieht. Und möge Gott verhindern, dass irgendwelche Jungs aus der Schule in der Unterwäscheabteilung gesichtet werden!
- Wenn Ihre Tochter bereits einen BH möchte, aber eine normale Cup-Größe noch nicht vollständig ausfüllt, ist ein Sport-BH eine gute Alternative. Das berechtigt sie zur Aufnahme in den Club der BH-Trägerinnen und gleicht die spitze Busenform etwas aus.
- Sie können den BH auch online kaufen. So können Ihre Tochter und Sie in Ruhe gemeinsam überlegen, welche Optionen und Eigenschaften für sie die richtigen sind, ehe Sie sich zum Kauf entscheiden. Sie können verschiedene Größen und BH-Formen bestellen und die aussortierten Exemplare zurückschicken. Für Teenager ist diese Lösung oft entspannter. Und es erspart Ihrer Tochter definitiv, den Jungen, für den sie schwärmt, im Einkaufszentrum zu treffen, während sie mit einer Tüte voller BHs unterwegs ist. Der größte Vorteil ist aber, dass Ihre Tochter die BHs ganz in Ruhe zu Hause probieren kann, ohne die Angst, dass gleich eine Verkäuferin den Kabinenvorhang aufreißt und fragt, ob sie helfen kann.
- Ermitteln Sie die richtige BH-Größe für Ihre Tochter. Viele erwachsene Frauen tragen die falsche BH-Größe, weil sie nicht richtig ausgemessen

wurde. Sie können sie entweder selbst messen (siehe unten) oder in ein Spezialgeschäft gehen, wo das von einer Fachverkäuferin übernommen wird. Sie sollten die Maße regelmäßig nehmen, weil sich der Busen Ihrer Tochter, bis die letzte Phase des Brustwachstums abgeschlossen ist, immer wieder verändert.

Die richtige BH-Größe finden

Die richtige BH-Größe zu finden ist oft schwierig – selbst für erfahrene Shopperinnen, die schon seit Jahrzehnten Büstenhalter tragen. Der häufigste Fehler ist, dass das Unterband – oder Rückenteil – zu groß ist. Außerdem variieren die Größen je nach Hersteller. Nur weil Ihrer Tochter bei einer Marke 70B gepasst hat, heißt das leider nicht, dass es bei einer anderen Marke ebenfalls die richtige Größe ist. Erinnern Sie Ihre Tochter daran, dass ein BH fest, aber bequem sitzen sollte.

Es gibt zwei Möglichkeiten, die richtige Größe des BHs festzustellen. Für die erste benötigen Sie ein Maßband:

[1] Führen Sie das Maßband direkt unter der Brust herum. Der Unterbrustumfang wird als Zahl angegeben. Die veraltete Methode, der ersten Messung zehn bis zwölf Zentimeter hinzuzufügen, ist wahrscheinlich der Grund dafür, dass so viele Frauen die falsche Größe tragen. Stolpern Sie nicht in diese Falle!

[2] Messen Sie an der stärksten Stelle der Brust. Viele Hersteller bieten auf ihren Websites Überblickstabellen, mit denen Sie die richtige Cup-Größe ermitteln können. Cup-Größen werden als Buchstabe angegeben.

[3] Beachten Sie, dass die Cup-Größen proportional sind. Cup D bei einem Unterbrustumfang von 60 Zentimetern ist kleiner als Cup D bei einem

TIPPS FÜR DEN EINFACHEN BH-KAUF

1. Mädchen mit noch nicht vollständig entwickelten Brüsten können zum Sport-BH greifen.
2. Kaufen Sie online, dann haben Sie mehr Privatsphäre und Auswahl.
3. Nehmen Sie die große Schwester oder eine enge Freundin zur moralischen Unterstützung mit.
4. Messen Sie die richtige BH-Größe aus.
5. Respektieren Sie beim Probieren ihr Bedürfnis nach Privatsphäre.

GEHEIMOPERATION BH-KAUF

Unterbrustumfang von 80 Zentimetern. Wenn der BH in Größe 80B zu groß ist, versuchen Sie es mit 75C.

Möglichkeit zwei: Sie stellen den ersten BH, zu dem Ihre Tochter greift, so lange mit Augenmaß ein, bis er die richtige Größe für sie hat.

[1] Prüfen Sie das Rückenteil. Wenn es bereits auf die kleinste Größe eingehakt ist, ist das Unterband eher zu lang. Es sollte eng sitzen. Lässt es sich vom Rücken wegziehen, ist es ebenfalls eher zu lang. Statt 80B nehmen Sie 75B oder 75C. Lassen Sie Ihre Tochter selbst entscheiden, welche Größe am bequemsten ist.

[2] Prüfen Sie die Länge der Träger. Wenn Ihre Tochter Druckstellen im Schulterbereich hat, ist das Unterband möglicherweise zu lang, und die Last liegt auf den Trägern. Probieren Sie eine kleinere Unterbandgröße oder versuchen Sie, die Träger länger einzustellen.

[3] Prüfen Sie den BH von der Seite. Das Rückenteil sollte in einer waagrechten Linie um den Brustkorb verlaufen. Zieht sich das Rückenteil nach oben, probieren Sie ein kürzeres Unterband.

[4] Prüfen Sie die Cup-Größe. Sind die Brüste zu prall, ist die Cup-Größe zu klein, und Ihre Tochter benötigt eine größere Cup-Größe. Wirft der Stoff Falten oder steht der Cup vom Busen ab, benötigt sie einen kleineren Cup. Liegt der Mittelpunkt des BHs nicht bündig am Brustkorb an, probieren Sie eine größere Cup-Größe, mit der die Brust vollständig umfasst wird.

Fachjargon für den BH-Kauf

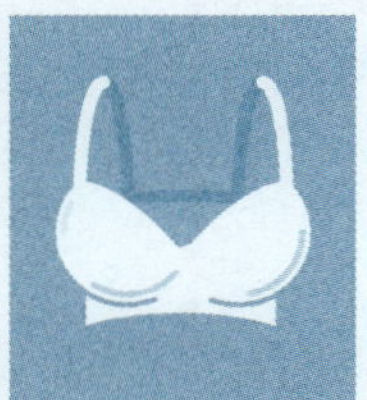

T-Shirt-BH: Das ist der wichtigste BH-Typ für Teenager. Es ist ein Soft-BH ohne Nähte. Selbst bei engen T-Shirts liegt er flach an, ohne dass Verzierungen, Kanten oder Nähte durchdrücken.

Bügel-BH: Diese BHs haben einen Plastik- oder Drahtbügel unterhalb der Brust, die zusätzlich Halt geben. Bügel-BHs sind für Mädchen mit größeren Brüsten gedacht.

Schalen-BH: Durch vorgeformte Schaumstoffschalen wirkt der Busen Ihrer Tochter größer. Schalen-BHs sind anders geschnitten als Push-up-BHs. Ein Push-up-BH hebt die Brust seitlich und von unten an, so dass man mehr vom Dekolleté sieht. Den meisten Eltern dürfte diese Variante zu sexy sein.

Sport-BH: wichtig für den Sport und außerdem eine gute Alternative für Mädchen mit kleineren Brüsten.

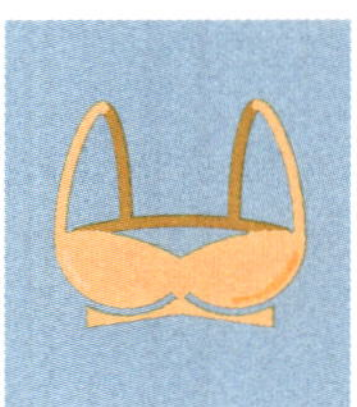

Balconette-BH: tiefgeschnittene BHs mit einer halben Schale, gedacht für Kleidung mit tiefem Dekolleté.

Trägerloser BH: die perfekte Lösung für das trägerlose Ballkleid beim Abschlussball.

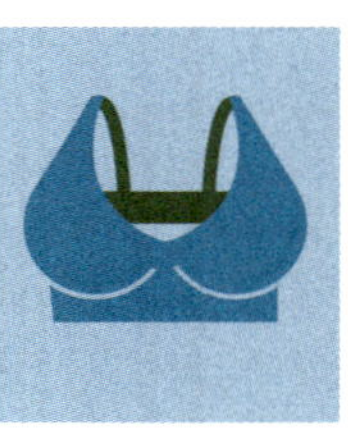

Minimizer-BH: Diese Büstenhalter pressen den Busen zusammen, so dass er um circa eine Cup-Größe kleiner wirkt. Es gibt sie meist ab Cup C.

Menstruation und Mitgefühl

Die meisten Teenager-Mädchen haben eine recht gute Vorstellung davon, was sie bei der Menstruation erwartet. Sie haben das Gespräch von älteren Schwestern oder Nachbarmädchen belauscht oder im Sexualkundeunterricht etwas darüber erfahren, als Jungs und Mädchen in getrennte Klassenzimmer geschickt wurden. Ihre Tochter hat vermutlich TV-Werbung oder Zeitschriftenanzeigen dazu gesehen oder mitbekommen, wie sich ältere Mädchen im Schulbus über ihre Periode unterhalten haben. Trotzdem müssen Sie ein positives und umfassendes Gespräch mit ihr führen, bevor sie selbst ihre erste Menstruation erlebt.

Reden Sie mit ihr, wenn Ihre Tochter in etwa zehn Jahre alt ist. Sie können dabei auf das ausführliche Aufklärungsgespräch über die »Bienchen und Blümchen« aufbauen, das Sie schon früher geführt haben (siehe Kapitel 4). Legen Sie auf jeden Fall Damenbinden, Slipeinlagen und Tampons bereit: Diese Requisiten helfen Ihrer Tochter, sich mit den wichtigsten Details vertraut zu machen.

Es ist kein Fluch!

Die erste Periode Ihrer Tochter ist ein wichtiger Meilenstein. Sie sollten ihr auf jeden Fall vermitteln, dass alles gut ist, dass ihr Körper erwachsen wird und ihre Tage nichts sind, was man ignorieren oder worüber man sich lustig machen sollte. Wenn Sie erzählen, dass die Menstruation eine »lebenslange Hölle« oder ein »Fluch« ist, führt das nur dazu, dass sie negative Gefühle für ihren Körper entwickelt.

Nehmen Sie sich die Zeit, ihr die wichtigsten Fakten zu erklären, damit sie versteht, was in ihrem Körper vor sich geht und warum:

[1] Wenn sich die Sexualorgane entwickeln, reifen die Eier in Follikeln in den Eierstöcken. Mit dem Eisprung, ungefähr in der Mitte des Zyklus, platzt einer der Follikel auf und gibt seine Eizelle frei. Diese wandert vom Eierstock durch den Eileiter in die Gebärmutter.

[2] Während des Eisprungs kommt es manchmal zu einem weißlichen vaginalen Ausfluss. Diese Flüssigkeit im Gebärmutterhals macht es dem Sperma einfacher, stromaufwärts durch die Vagina zu schwimmen.

[3] Wird das Ei nicht befruchtet, wird die Eizelle in einer Mischung aus Blut, Scheidensekret und Gebärmutterschleimhautresten ausgeschieden.

[4] Erklären Sie Ihrer Tochter zu ihrer Beruhigung, dass das Menstruationsblut nicht ohne Vorwarnung aus ihr herausschießen wird! Sie wird zuerst beim Abwischen mit Toilettenpapier eine bräunliche Verfärbung bemerken und beim Ausfluss einen typischen Geruch feststellen. Klären Sie Ihr Kind unbedingt darüber auf, weil das meist der Punkt ist, vor dem die Mädchen die größte Angst haben.

[5] Wenn sich ihre Periode eingespielt hat und die Gebärmutter Schleimhaut ausstößt, kann das Blut tiefrot sein und Gewebeklumpen enthalten.

[6] Am Ende der Menstruation wird der Ausfluss weniger, und das Blut kann wieder bräunlich aussehen.

[7] Eine Periode dauert typischerweise zwischen drei und sieben Tagen. Zu Beginn erleben die Mädchen meist unregelmäßige Menstruationszyklen, bis ihr Körper herangereift ist und der Rhythmus vorhersehbar wird. Es gibt aber auch Mädchen, bei denen sie von Anfang an in monatlicher Regelmäßigkeit eintritt. Der Abstand zwischen den Zyklen kann zu diesem Zeitpunkt zwischen 21 und 45 Tagen liegen. Empfehlen Sie Ihrer Tochter, einen Kalen-

der zu führen, damit sie weiß, wann sie ungefähr ihre nächste Periode bekommen wird.

Notfallmaßnahmen für die Tage

Viele Mädchen haben Worst-Case-Szenarien für ihre erste Periode im Kopf: »Ich weiß, dass ich sie genau dann bekommen werde, wenn ich meine weißen Shorts trage. Ich werde in der Schule sein, und keiner wird es mir sagen. Das wird so grauenvoll …« Helfen Sie Ihrer Tochter sich auf verschiedene Situationen vorzubereiten, damit sie im Fall der Fälle weiß, wie sie darauf reagieren kann:

- Geben Sie ihr Binden, Unterwäsche, eine Ersatzhose und vielleicht sogar ein altes Sweatshirt oder einen alten Kapuzenpulli für ihren Schulspind mit. Notfalls kann sie den Pullover um die Hüften binden und so auf die Situation reagieren.
- Geben Sie ihr einen Tampon oder eine Binde für die Tasche oder den Schulrucksack mit. Sorgen Sie dafür, dass sie immer Münzen hat, damit sie notfalls einen öffentlichen Tamponautomaten benutzen kann.
- Erklären Sie ihr, dass sie im Notfall Toilettenpapier oder Taschentücher zusammenstopfen und kurzfristig als Ersatzbinde verwenden kann, bis sie eine Binde oder einen Tampon bekommt.
- Erklären Sie ihr, an wen sie sich im Notfall wenden kann. Kann sie zu einer Lehrerin oder Betreuerin gehen, zu der sie Vertrauen hat? Hat sie eine ältere Schwester oder eine Freundin, die weiß, was zu tun ist?

Die erste Periode Ihrer Tochter zeigt, dass sie einen wichtigen Meilenstein auf dem Weg zum Erwachsenwerden erreicht hat. Sie ist jetzt fruchtbar und muss nun auch verantwortungsvoll genug sein, um sich um die hygienischen Aspekte der Menstruation zu kümmern. Es ist et-

VORBEREITUNG IST DIE BESTE VERTEIDIGUNG

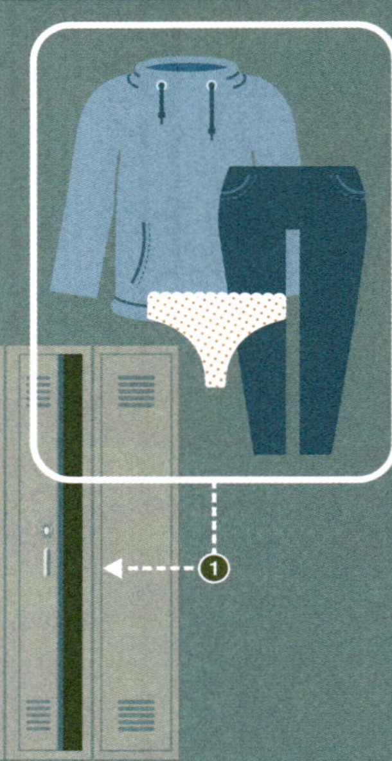

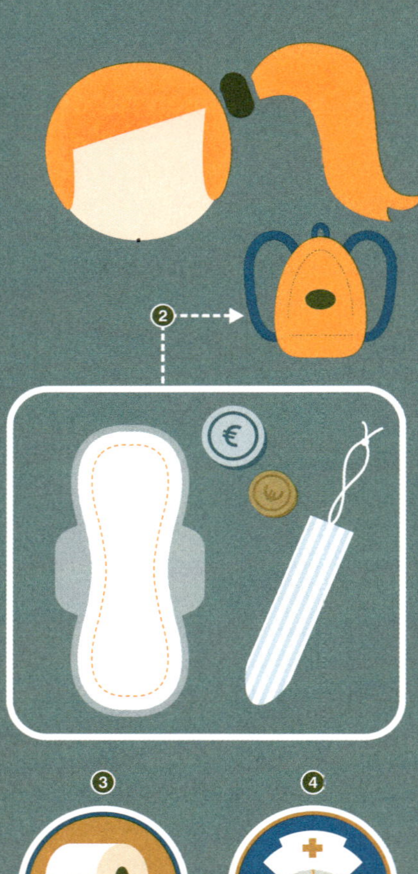

WIE SIE IHRER TOCHTER DURCH DIE ERSTE PERIODE HELFEN:

1. Sorgen Sie für Ersatzkleidung in Schulspind oder Schultasche.
2. Sorgen Sie dafür, dass sie eine Binde oder einen Tampon in der Schultasche und Geld für den Tamponautomaten hat.
3. Im Notfall kann sie zusammengepresstes Toilettenpapier als Behelfsbinde benutzen.
4. Bitten Sie eine Lehrerin oder Betreuerin um Hilfe.

was ganz anderes, bei den Schularbeiten zu träumen, als eine Binde oder einen Tampon nicht zu wechseln, wenn es Zeit dafür ist.

Erklären Sie Ihrer Tochter die Unterschiede zwischen Binden und Tampons und ihre Handhabung so klar wie möglich. Die Vielfalt und die Auswahl zwischen den Produkten kann ganz schön verwirrend sein, aber wenn sie die richtigen für sich gefunden hat, wird Ihre Tochter feststellen, dass es eigentlich ganz einfach ist. Klären Sie unbedingt alle Missverständnisse über Tampons auf. (Nein, sie können nicht verloren gehen und in den Körper wandern.) Packen Sie einen Tampon aus, dann kann sie sehen, wie sie funktionieren.

EXPERTENTIPP: *Hier noch ein paar zusätzliche Hinweise zur Hygiene während der Menstruation, die für Eltern hilfreich sein können:*

- *Gelegentlich treffe ich immer noch Eltern, die besorgt sind, dass Tampons nicht für Mädchen geeignet sind, die noch jungfräulich sind. Ich kann Ihnen versichern, dass das Hymen, die dünne Membran über der Vagina, fast immer offen ist, wenn die Menstruation beginnt.*
- *Erklären Sie Ihrer Tochter unbedingt, dass sie keine parfümierten Tampons benutzen soll, weil diese die Vagina irritieren können.*
- *Deodorants und Duschgels für den Intimbereich sind ebenso überflüssig und können zu Scheideninfektionen führen. Wenn Ihre Tochter regelmäßig badet oder duscht, ist sie sauber und frisch. (Scheidenspülungen können das Selbstreinigungssystem der Vagina und die Balance der Bakterien stören. In der Folge kann Ihre Tochter empfänglicher für Geschlechtskrankheiten, Bakterien- und Hefepilzinfektionen werden.)*

Krämpfe bekämpfen

Krämpfe treten normalerweise nur an Tag eins oder Tag zwei der Menstruation auf. Weihen Sie Ihre Tochter dennoch in ein paar Schlüsselstrategien ein, die gegen den Schmerz helfen.

[1] Sie kann zwei bis drei Tage vor ihrer Periode mit der Einnahme eines entzündungshemmenden Medikaments beginnen. Dieses blockiert die Prostaglandine – Hormone, die während der Periode für die Krämpfe im Uterus sorgen. Sprechen Sie unbedingt mit ihrem Arzt über die richtige Dosierung.

[2] Empfehlen Sie ihr, während der Periode häufig Wasser zu lassen. Eine volle Blase kann auf den Uterus drücken und damit die Krämpfe verstärken.

[3] Demonstrieren Sie die Vorteile eines altmodischen Wärmekissens. Wärmepads oder Wärmflaschen auf dem Bauch und den Oberschenkeln lindern die Krämpfe. Ein Hausmittel, das Geburtsbegleiterinnen schätzen: Nehmen Sie eine lange Sportsocke, füllen Sie diese mit Reis und stecken Sie sie in die Mikrowelle. Legen Sie die warme Socke auf den schmerzenden Bereich, damit sich die Muskeln entspannen.

[4] Empfehlen Sie ihr leichte Mahlzeiten während der Menstruation.

[5] Raten Sie ihr, sich zu bewegen. Körperliche Bewegung kann schmerzstillende Endorphine freisetzen, die die Krämpfe beenden. Die Bewegung kann sie auch einfach nur von ihren Schmerzen ablenken. Yoga-Positionen, vor allem die Stellung des Kindes, die Katze und die beiden Positionen des Hundes, eignen sich ebenfalls hervorragend dazu, die Schmerzen zu lindern.

Penis mit Eigenleben:

Was läuft da unten?

Bestimmte Aspekte der Pubertät Ihres Sohnes können unter dem Radar ablaufen. Anders als bei seinem weiblichen Pendant, bei dem sich in der frühen Pubertät die Brüste zu formen beginnen, kann die Entwicklung bei einem Jungen unbemerkt bleiben. Er wird die Tür hinter sich schließen, wenn er beginnt, mit seinem sich verändernden Körper zu experimentieren.

[1] Lassen Sie ihn wissen, dass seine Privatsphäre in Ordnung ist, und sein sich verändernder Körper auch. Geben Sie ihm immer wieder Gelegenheiten, Ihnen alle erdenklichen Fragen zu stellen.

[2] Die Genitalien Ihres Sohnes werden in messbaren Stadien wachsen. (Sein Kinderarzt wird den Verlauf in der Pubertät dokumentieren.) Zuerst wachsen die Hoden, dann der Penis. Später in der Pubertät wird die Haut des Hodensacks dünner. Er senkt sich ab und wird dunkler.

[3] Der Penis wird im Laufe der Pubertät dicker und länger. Die Schambehaarung ist zunächst spärlich, dann wächst sie und wird kräftiger.

Einmaleins des nächtlichen Samenergusses

Es sollte Sie nicht überraschen, dass Ihr Sohn Erektionen hat. Eigentlich hat er sie schon bekommen – oder ist in der Lage Samenflüssigkeit auszuscheiden –, seit er ein Baby war. Mit dem Unterschied, dass der Samenerguss jetzt Sperma enthält. Wenn Ihr Sohn die Pubertät er-

reicht, produzieren seine Hoden genug Testosteron, um Sperma zu produzieren, das sich mit der Samenflüssigkeit mischt.

Wann entdecken Jungs, dass sie ejakulieren können? Normalerweise machen sie diese Entdeckung in der Privatsphäre ihres eigenen Zimmers oder im Badezimmer, wenn sie mit Selbstbefriedigung experimentieren, oder sie erleben es bei einer nächtlichen Erektion, auch »feuchter Traum« genannt. Für Jungen sind feuchte Träume oft verwirrend und rätselhaft.

- Ein Junge kann in der Nacht oder am Morgen mit einem klebrigen, feuchten Pyjama aufwachen. Er versteht vielleicht schnell, was das ist, aber nicht, warum es passiert ist. (Jungen glauben manchmal, dass sie das Bett genässt haben, bis man ihnen den Unterschied erklärt.)
- Feuchte Träume lösen bei Kindern gelegentlich Ängste aus, insbesondere, wenn sie gesehen oder gehört haben, wie andere Jungen mitten im Unterricht Erektionen bekamen. Sie wissen bereits, dass der Penis sehr empfindlich auf Gedanken, Bilder oder einfach nur auf Druck oder Berührung reagieren kann. Sie können Ihrem Sohn versichern, dass diese spontanen Erektionen zwar tagsüber vorkommen können, aber nicht zu einem spontanen Samenerguss führen.

Wenn Sie morgens ins Zimmer Ihres Sohnes kommen und bemerken, dass das Bettlaken feucht ist, geben Sie ihm einfach ein Handtuch. Bleiben Sie entspannt und versichern Sie ihm: »Hey, mach dir keine Sorgen. Das ist normal. Passiert allen Jungs.« Vielleicht ist es ihm peinlich, dass Sie seine Situation bemerkt haben, aber er wird erleichtert sein, wenn er hört, dass das alles ganz normal ist und Sie nicht beunruhigt sind – selbst wenn Sie tatsächlich beunruhigt sind. Heben Sie sich Ihre Verlegenheit für später auf, wenn Sie alleine in der Waschküche sind.

Spontane Erektionen und andere Überraschungen

Spontane Erektionen sind ein weiterer Quell der Sorge für Jungen. Ihr Sohn hat gerade Posaunenstunde oder sitzt gelangweilt im Physikunterricht, sprich, er tut absolut nichts, das erregend wäre – und zack: ein

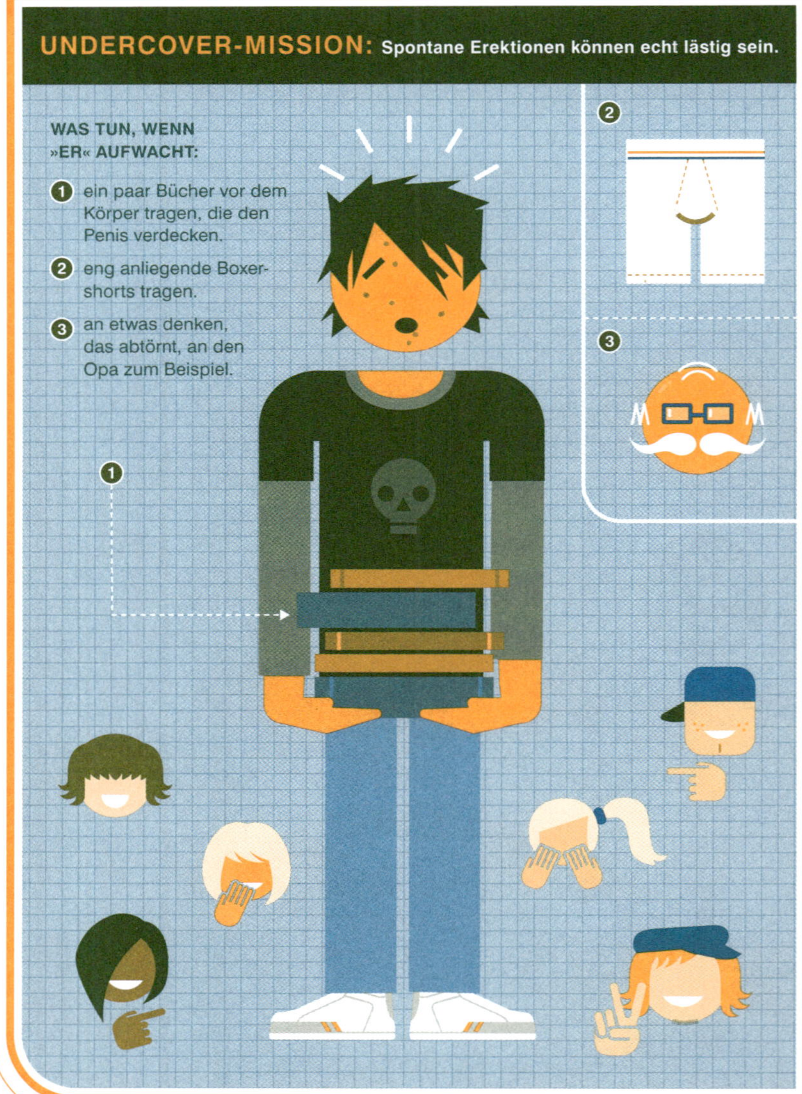
UNDERCOVER-MISSION: Spontane Erektionen können echt lästig sein.
WAS TUN, WENN »ER« AUFWACHT:
1 ein paar Bücher vor dem Körper tragen, die den Penis verdecken.
2 eng anliegende Boxershorts tragen.
3 an etwas denken, das abtörnt, an den Opa zum Beispiel.
1
2
3

Ständer. Falls Ihr Sohn erwähnt, dass er Angst hat, dass sein vorwitziger Penis ein Eigenleben entwickelt, können Sie ihm ein paar Taktiken vorschlagen, mit denen er ihn vielleicht wieder zähmen kann. Und wenn Ihr Sohn nicht von selbst darüber spricht, sollten Sie versuchen, das Thema bei einer Autofahrt oder in einem anderen ruhigen Moment aufzubringen.

Als Vater können Sie ihm eine Story aus Ihrer eigenen Jugend erzählen. Vielleicht waren Sie genau in seinem Alter, als es Ihnen selbst das erste Mal passiert ist. Als Mutter können Sie das Thema ansprechen, indem Sie auf Anekdoten zurückgreifen, die Ihnen Ihre Brüder oder Ihr Mann erzählt haben. Machen Sie ein paar Vorschläge, was Ihr Sohn tun kann, wenn er sich in einer ähnlichen Situation befindet:

- Schlagen Sie ihm vor, an Aktienkurse zu denken. Oder an seine Großeltern. Oder an Sport. Oder an eine bevorstehende Prüfung. An etwas, das alles andere als sexy ist.
- Bringen Sie ihm ein paar Tricks zur Ablenkung bei: Er kann die europäischen Hauptstädte aufzählen, im Kopf sein Lieblingslied singen oder die Spieler der Fußballnationalmannschaft aufsagen.
- Empfehlen Sie ihm, Unterhosen oder Boxershorts zu tragen, die eng anliegen und die Erektion im Zaum halten. Kaufen Sie ihm zur Tarnung weitgeschnittene Hosen.
- Raten Sie ihm, das Shirt locker über der Hose zu tragen und nicht in den Bund zu stecken.
- Geben Sie ihm den Tipp, im Fall der Fälle seine Bücher oder seinen Rucksack vor dem Körper zu tragen.
- Ein Vorschlag für praktisch veranlagte und sehr aufgeschlossene Eltern: Raten Sie ihm, vor der Schule zu masturbieren, es verringert die Wahrscheinlichkeit einer spontanen Erektion im Unterricht. Aber Sie müssen sich darüber im Klaren sein, dass dieser Vorschlag Ihrem Sohn so peinlich sein kann, dass er nie wieder mit Ihnen über dieses Thema redet.

Unterstützung für das Team!

Wenn Ihr Sohn einen Kontaktsport betreibt (Fußball, Basketball, Eishockey etc.) braucht er ein gutes Suspensorium, auch Jockstrap genannt. Dieser Tiefschutz hat eine Kunststoffschale, auch als Cup bezeichnet, der die Genitalien stützt und die Kronjuwelen schützt. Sie bekommen ihn in Sportgeschäften.

- Die Kunststoffschale bewahrt Ihren Sohn vor Verletzungen. Es ist ein Einsatz im Suspensorium, der ihn vor wildgewordenen Hockeyschlägern, Bällen, brutalen Fußballzweikämpfen und Ähnlichem schützt. (Kaufen Sie auf jeden Fall einen Genitalschutz, der explizit für den Sport gedacht ist.)
- Cups gibt es in verschiedenen Größen. Prüfen Sie, dass Sie die richtige Größe kaufen, die einen vollständigen Schutz gibt.
- Der Kunststoffeinsatz sollte Luftstromöffnungen haben und angenehm am Körper anliegen.
- Der Cup muss so geformt sein, dass er bequem ist, aber eng anliegt.

Masturbation ist kein schmutziges Wort

Wenn Sie als frischgebackene Eltern Ihr Baby aufmerksam beobachtet haben, ist Ihnen vielleicht aufgefallen, dass es masturbiert hat. Kleine Kinder fummeln liebend gerne an ihren Geschlechtsteilen herum, vor allem kleine Jungen. Sie haben Spaß daran, beim Baden oder Umziehen mit ihrem kleinen Pimmel zu spielen. Ab einem gewissen Alter lernen sie, ihrem Freizeitvergnügen etwas diskreter nachzugehen.

Es ist ganz natürlich

Jungen und Mädchen müssen wissen, dass Selbstbefriedigung etwas ganz Normales ist. Sie entwickeln dadurch ein tieferes Verständnis für die eigene Sexualität. Sie können Ihrem Kind viel von seiner eigenen Unsicherheit nehmen, wenn Sie am Rande erwähnen, dass Masturbation völlig normal ist, dass alle Menschen es schon mal getan haben und manche sich ganz regelmäßig selbst befriedigen.

Falls Sie ganz weit hinten unter dem Bett Ihres Sohnes einen steifen Waschlappen oder ein Handtuch finden, ist das wahrscheinlich sein »Selbstbefriedigungslappen«. Vielleicht fällt Ihnen auch auf, dass er plötzlich sein Bettlaken oder Bettzeug sehr oft selbst wäscht? Dann hat er wahrscheinlich die Freuden der Selbstbefriedigung entdeckt. Sie können sich diese Situation zu Nutze machen und ihn bitten, gleich die ganze Wäsche in der Waschküche zu übernehmen, wenn er schon mal beim Aufhängen ist.

[1] Falls Sie Ihren Sohn mitten im Masturbieren überraschen, sollten Sie darauf nicht anders reagieren, als wenn Sie ihn beim Anziehen überrumpelt

hätten. Lassen Sie Ihrem Teenager seine Privatsphäre, entschuldigen Sie sich kurz und verlassen Sie das Zimmer.

[2] Sollten Sie sich später sehr mutig fühlen, können Sie ansprechen, was Sie gesehen haben und ihm versichern, dass Selbstbefriedigung gesund ist.

[3] Fragen Sie Ihren Sohn, ob er darüber sprechen will oder ob er Fragen dazu hat. Es mag ihm kurz das Herz in die Hose fallen, weil Sie das offen ansprechen, aber es zeigt ihm auch, dass Sie mutig genug sind, mit ihm über jedes Thema zu sprechen.

EXPERTENTIPP: *Es gibt nur einen einzigen Einwand gegen Masturbation: Man sollte es nicht übertreiben. Es sollte kein Ersatz für eine persönliche Beziehung oder Alltagsaktivitäten sein. Es gibt Jungen, die davon besessen sind und ein Phase haben, in der sie sich vier- oder fünfmal am Tag selbst befriedigen. Andere befriedigen sich vor einem Date, weil sie verhindern wollen, dass sie zu stark erregt werden und einen vorzeitigen Samenerguss haben. Jetzt gilt der vielgenutzte Spruch: Alles in Maßen.*

Du wirst nicht blind, echt nicht!

Lange Zeit hielten sich bei Jungen und Mädchen hartnäckig alte Ammenmärchen über die Selbstbefriedigung. Sprechen Sie mit Ihrem Sohn oder Ihrer Tochter über die Fakten:

Wenn Teenager sich selbst befriedigen, bedeutet das NICHT, dass …

- sie verrückt werden.
- sie ihre Haare verlieren.
- sie blind werden.
- ihnen Haare auf den Handflächen wachsen.

- ihnen das Sperma ausgeht.
- sie Akne bekommen.
- es Einfluss auf ihre sexuelle Orientierung hat.
- sie keine Jungfrau mehr sind.

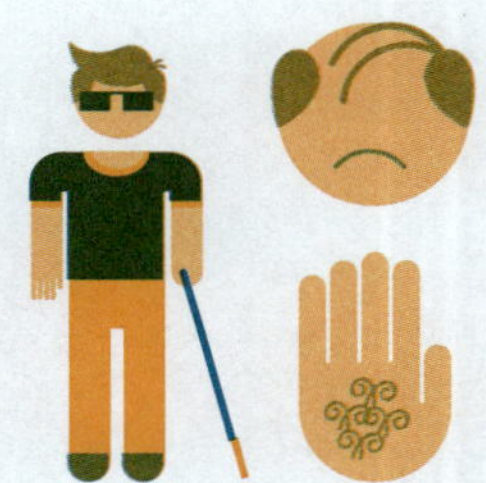

Stattdessen kann Selbstbefriedigung …

- Stress reduzieren.
- etwas über den eigenen Körper lehren.
- möglicherweise Kopfschmerzen und Periodenkrämpfe mindern.

Sauber bleiben – Teenagerhygiene

Woran liegt es, wenn Menschen schlecht riechen? Die kurze Antwort: an Bakterien. Schweiß an sich riecht nicht. Wenn er sich jedoch mit Bakterien vermischt, die auf der Haut leben, kann sich ein Gestank bilden, der einen umhaut – oder die Freunde Ihres Kindes dazu bringt, beim Mittagessen einen anderen Tisch vorzuziehen.

Unser Körper hat ekkrine und apokrine Schweißdrüsen. Letztere finden sich insbesondere in drei Bereichen: Achselhöhlen, Brustwarzen und Genitalien. Der strenge Geruch entsteht, wenn die Bakterien auf der Haut den apokrinen Schweiß in seine Einzelbausteine zersetzen (anders als bei von ekkrinen Drüsen produziertem Schweiß). Deshalb kann der Geruch unter den Armen und im Genitalbereich so besonders stechend werden. Früher waren diese chemischen Signale unseres Körpers bei der Auswahl des idealen Geschlechtspartners hilfreich, aber heute steht der heiße Typ im Klassenzimmer nicht mehr auf Körpergeruch.

TIPPS GEGEN DEN KÖRPERGERUCH

1. Regelmäßig duschen
2. Schweißreduzierendes Deodorant verwenden
3. Kleidung aus atmungsaktiven Naturfasern tragen
4. Unterwäsche mindestens einmal täglich wechseln
5. Schuhe wechseln, dann können sie in der Zwischenzeit auslüften
6. Dreimal täglich Zähne putzen

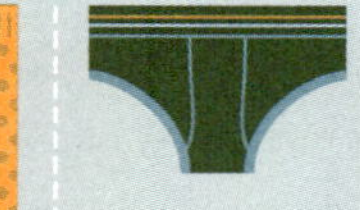

ES RIECHT NACH TEENAGER:

Mit der Pubertät werden die Schweißdrüsen voll aktiv und Körpergeruch entsteht.

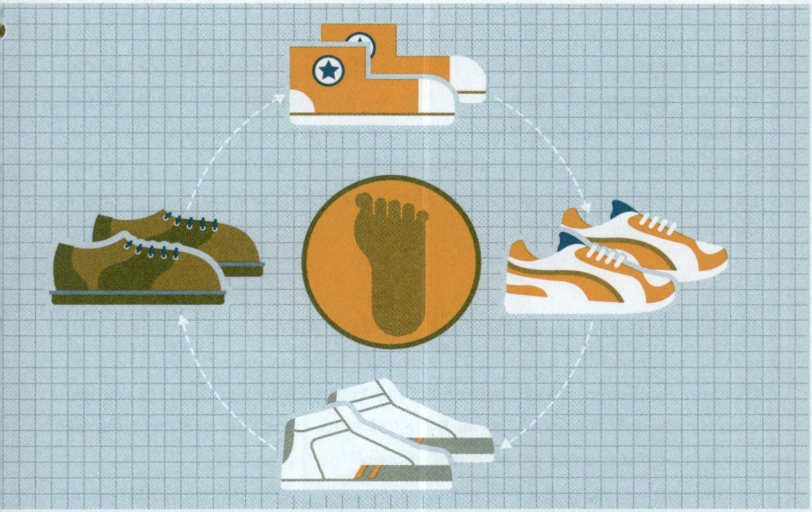

Unbedingt auch die Zunge bürsten. Meist kommen die Gerüche vom hinteren Teil der Zunge, wo sich bakterieller Zahnbelag bildet.

Regelmäßiges Duschen und frische Kleidung helfen, die schweißliebenden Bakterien in Schach zu halten. Weniger Bakterien am Körper, weniger Körpergeruch. Die meisten Jungen sind sich ihres neuen Geruchs extrem bewusst und werden endlos das Badezimmer in Anspruch nehmen, um der schlecht riechenden Begleiterscheinung der Pubertät den Kampf anzusagen.

Keine Chance dem Körpergeruch

Denken Sie daran, dass Sauberkeit die kleine Schwester des Selbstbewusstseins ist. Sie zeigt, dass Ihr Kind sich selbst so großen Respekt entgegenbringt, dass es sich um seinen Körper kümmert.

Sauberkeit mag gleich neben Gottesfurcht kommen (oder auch nicht), aber auf jeden Fall wird es mit Körperhygiene für Ihren Sohn leichter, sich dem Mädchen zu nähern, mit dem er auf dem Schulflur flirten will. Das kann er tun:

- regelmäßig duschen.
- ein schweißreduzierendes Deodorant verwenden.
- Kleidung aus Naturfasern tragen. Sie ist luftdurchlässiger, der Körper bleibt kühl und schwitzt nicht. (Synthetische Fasern halten die Wärme, die Körpertemperatur steigt. Es entwickelt sich Schweiß, und damit Körpergeruch.)
- nur frische Kleidung tragen. Durchgeschwitzte Klamotten verstärken den Geruch.
- die Unterwäsche mindestens einmal täglich wechseln – oder noch häufiger, wenn Körpergeruch ein großes Thema ist. Schmutzige Unterwäsche kann eine echte Stinkbombe sein.
- Turnschuhe einen Tag lang auslüften. Bakterien lieben eine feuchte Umgebung. Damit das getragene Paar vollständig austrocknen kann, die Schuhe besser täglich wechseln.

- die Zähne mindestens dreimal am Tag putzen und dabei die Zunge nicht vergessen. Meist kommen die Gerüche vom hinteren Teil der Zunge, wo sich bakterieller Zahnbelag bildet.

Großbaustelle Denkvermögen:

Das Gehirn auf Hormontrip

Teenager versuchen, uns davon zu überzeugen, dass sie reif für die Welt der Erwachsenen sind. Aber selbst bei Jugendlichen, die noch am ehesten »alle Tassen im Schrank« haben, ist das Gehirn noch nicht vollständig ausgereift. Es verändert sich während der Adoleszenz und noch bis in die frühen Zwanziger. (Ein wichtiger Hinweis: Weil sich das Gehirn noch entwickelt, ist es besonders anfällig, vor allem für Alkohol und Drogen.)

Das Gehirn liefert also Erklärungen für die Launen eines Teenagers, für gelegentliche Ausfälle beim rationalen Denken und seine Unfähigkeit zu planen. Es liefert aber auch gute Gründe zu hoffen: Wenn der präfrontale Cortex ausgereift ist, haben Sie's geschafft! (Bedauerlicherweise ist das der Teil des Gehirns, der als letzter ausreift.)

Normalerweise entwickelt sich das Gehirn in diesen Schritten:

[1] Im Säuglingsalter gibt es eine Überproduktion an Gehirnzellen und Synapsen, die das Gehirn mit etwa drei Jahren reduziert und »organisiert«.

[2] Ab drei Jahren bis zur Pubertät verdickt sich die graue Substanz des Gehirns wieder.

[3] Kurz vor der Pubertät wächst das Gehirn sprunghaft, dann konsolidiert es sich ein zweites Mal von Grund auf. Dieses »Verdichten« führt zu komplexeren und effizienteren Gehirnfunktionen.

Meine Amygdala ist schuld!

Oder: Was wirklich im Gehirn Ihres Kindes passiert

Eltern beobachten überall auf der Welt ein ähnlich verrücktes und impulsives Verhalten ihrer Teenager. Was alle sowieso schon dachten, wird jetzt von zuverlässigen Studien unterfüttert. Es mag Ihnen im Auge des Hurrikans nicht wirklich helfen, wenn Sie wissen, dass sich das Gehirn Ihres Kindes gerade massiv umbaut, aber vielleicht können Sie so ein kleines bisschen mehr Mitgefühl mit Ihrem Sohn aufbringen, wenn er sich gerade wieder besonders dämlich verhält.

[1] Während das Gehirn Ihres Jugendlichen bereits fast seine erwachsene Größe erreicht hat, sind die Nervenzellen noch nicht ausreichend miteinander verschaltet und vergleichsweise ineffizient. Damit es schneller und komplexer agieren kann, werden seine Nervenfasern nun mehr und mehr mit einem schützendem Material verstärkt, das Myelin heißt. Der präfrontale Cortex von Teenagern, der oft erst mit Anfang zwanzig vollständig ausreift, weist in der frühen Pubertät deutlich weniger Myelin auf.

[2] Und als ob das noch nicht genug wäre, ist das Myelin auch noch ungleichmäßig im Gehirn verteilt. Im Frontallappen ist weniger Myelin vorhanden als in dem Teil des Gehirns, der für die emotionale Reaktion zuständig ist: die Amygdala, auch Mandelkern genannt. Muss Ihr Teenager eine Entscheidung treffen, übernimmt die Amygdala den Job, weil sie stärker ist als der Frontallappen.

[3] Und was passiert, wenn die Amygdala Ihres Jugendlichen die Entscheidung trifft? Na ja, nicht umsonst werden die Entscheidungen der Amygdala auch als »Bauchentscheidungen« bezeichnet: Es sind emotionale Einschätzungen, denen die Unterstützung des vollständig entwickelten

Frontallappens fehlt, der für den Sicherheitscheck zuständig ist. Das erwachsene Gehirn hingegen nutzt für Entscheidungen den präfrontalen Cortex. Der Präfrontalcortex ist der Teil des Gehirns, der für Vernunft, Analyse und Verständnis zuständig ist und – leider, leider – erst mit Anfang zwanzig mit ausreichend Myelin ausgestattet ist. Erst dann wird Ihr Kind in der Lage sein, weniger emotional und eher rational zu reagieren.

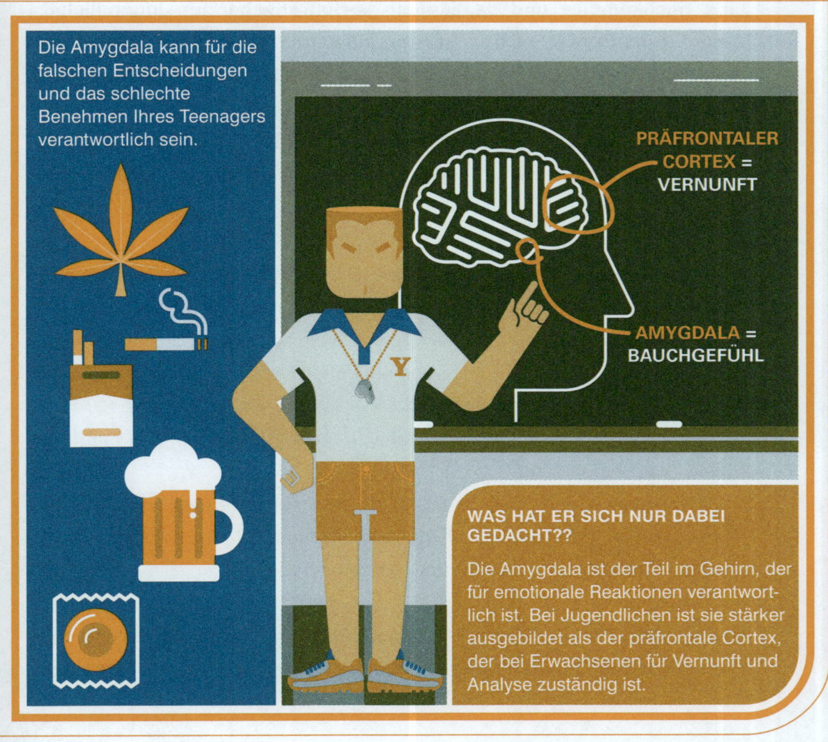

Mütter und Väter! Habt Geduld! Euer Kind hat das gute Recht, mit der ultimativen Ausrede für sein nervendes Teenagerverhalten durchzukommen: »Mein Gehirn – oder mein nicht vorhandenes Gehirn – ist schuld, dass ich das gemacht habe!«

Ich war ein videosüchtiger Teenager

Erinnern Sie sich an Breakout? Oder Pong? Diese uralten Computerspiele waren der Anfang der digitalen Revolution. Die heutigen Games sind hochkomplex und damit noch verführerischer für Jugendliche. Auch für überforderte Eltern können sie sehr verlockend sein, weil sie ein Kind mit erstaunlicher Leichtigkeit ruhigstellen. Computer einschalten, und voilà! Ein Instant-Babysitter.

Drei Kategorien von Games haben das Potenzial, große Teile der Freizeit Ihres Kindes zu verschlingen: Computer-, Konsolen- und Handyspiele.

- MMOs (Massively Multiplayer Online Games) sind Online-Rollenspiele, die nie enden. Sie laufen weiter, egal, ob Ihr Teenager eingeloggt ist oder nicht. Zigtausend Spieler können gleichzeitig im Spieleuniversum eines MMOs unterwegs sein. MMOs haben ein hohes Suchtpotenzial.
- Konsolenspiele, die über den Fernseher laufen, sind nicht ganz so interaktiv, aber auch sie sind so verführerisch, dass Ihr Kind viel Zeit mit dem Spielen verbringen kann.
- Handyspiele können überall und jederzeit gespielt werden, also auch im Grand Canyon, bei Ihrem Familienurlaub. Während Sie mit offenem Mund die majestätische Natur bewundern, hängt Ihr Teenager am Bildschirm.

Games sind verführerisch, aufregend und eine Herausforderung für Kids. Sie geben unmittelbares Feedback und sind so gestaltet, dass der

Spieler stets das nächste Level erreichen oder den nächsten Score brechen will. Teenager, die an sozialen Phobien leiden oder Schwierigkeiten mit sozialer Interaktion haben, können über das Game mit anderen Spielern interagieren, ohne dass sie das Risiko einer persönlichen Begegnung eingehen müssen. Aber die Stunden vor dem Bildschirm halten Ihren Jugendlichen letztlich davon ab, soziale Kompetenzen und emotionale Bindungen in der echten Welt zu entwickeln, aktiv Sport zu treiben, sich für Kunst zu interessieren oder Zeit mit anderen Familienmitgliedern zu verbringen.

Ist ein Kind spielsüchtig, zieht es sich möglicherweise von seinen alten Freunden zurück und verbringt seine Zeit mit den neuen Freunden in der Gaming Community. Es gibt seine Hobbys auf und versucht zu vertuschen, wie viel Zeit es mit Gaming verbringt. Es setzt die Beziehung zu anderen Familienmitgliedern aufs Spiel, ändert seine Schlaf- und Essgewohnheiten und schwänzt die Schule, um noch mehr spielen zu können. Es kann einfach nicht aufhören zu spielen oder sich mit dem Game zu beschäftigen, selbst wenn es wollte.

Wenn Ihr Teenager eine Spielsucht entwickelt hat oder mehr Zeit mit Gaming verschwendet, als er sollte, müssen Sie notfalls einschreiten.

- Begrenzen Sie die Spielzeit strikt und machen Sie die Konsequenzen klar, falls das Zeitlimit überschritten wird.
- Installieren Sie ein Administrator-Passwort auf dem Computer, mit dem Sie die Nutzung beobachten und überwachen können.
- Installieren Sie Kontrollsoftware für Eltern, mit der Sie die Online-Zeit begrenzen und bestimmte Internetseiten und Games blockieren können.
- Vereinbaren Sie, dass er die Spielekonsole erst bekommt, wenn die Hausaufgaben erledigt sind.
- Und wenn alles nichts hilft, werfen Sie die Konsole in die Klappe des Müllwagens.

GAMES-TYPEN UND WIE MAN MIT IHNEN UMGEHT

1. MMOs sind endlose Online-Computerspiele, sie machen schnell süchtig.
2. Konsolenspiele, an den Fernseher angeschlossen, blockieren viel Zeit.
3. Handyspiele können unterwegs und überall gespielt werden.
4. Geben Sie strikte Zeitlimits vor. Vereinbaren Sie, dass erst nach Erledigung der Schularbeiten oder sonstigen Aufgaben mit der Konsole gespielt werden darf.
5. Wenn sonst nichts hilft: Werfen Sie die Konsole in den Müll.

HALLO, MEIN KIND IST SPIELSÜCHTIG

Wichtig ist, dass Sie selbst ein Vorbild beim Umgang mit Medien sind. Reißen Sie sich von der Online-Auktion los, hängen Sie nicht zum Telefonieren am Handy und checken Sie auch nicht Ihre Mails. Ihre Kinder beobachten Sie!

Die Teen-Zombies sind los:

Was Sie über den Schlaf von Teenagern wissen müssen

Alle Eltern, die schon einmal die Gelegenheit hatten, in der ersten Unterrichtsstunde die Klasse ihres Sohns oder ihrer Tochter zu beobachten, wissen, dass der Anblick alles andere als erbaulich ist. Ein Klassenzimmer voller lustloser Zombiekinder mit leeren Augen – manche sabbern vielleicht sogar im Schlaf. Diese Kinder wollen nur eines: zurück ins Bett, unter die gemütliche Bettdecke und dann den Schlaf nachholen, den sie so dringend brauchen. (Zwischen 8½ und 9¼ Stunden, um ganz genau zu sein.)

Viele Eltern sind sauer, erschöpft und genervt vom anstrengenden morgendliche Aufweckritual. »Warum kann Sam nicht so früh schlafen gehen, dass er morgens aus dem Bett kommt? Das kann doch nicht so schwer sein!« Aber wie mit vielen anderen nervigen Angewohnheiten von Teenagern ist das nicht so einfach, und die Ursache liegt teilweise in dem sich verändernden Körper. Schlafdefizit hat einen signifikanten Einfluss auf die Lebensqualität eines Jugendlichen, und damit auch auf die der Eltern. Aber lassen Sie uns erst ansehen, was im Körper Ihres Teenagers passiert:

Teenager-Standardzeit

Die innere Uhr (die interne 24-Stunden-Uhr des Körpers) eines Jugendlichen, die die Wach- und Schlafphasen des Tages kontrolliert, hat mit der Pubertät angefangen, sich zu verschieben, mit der Folge, dass Ihr Kind erst dann sein Energietief hat, wenn Sie schon längst schlafen. Es kann den Eltern vorkommen, als ob der Teenager unter ihrem Dach in einer anderen Zeitzone lebt. Wenn Sie sich für die Nacht fertig machen, kommt er gerade auf Touren und ist scharf auf soziale Begegnungen, Musik hören und Zeit am Computer. Während Sie am Morgen erfrischt aufwachen und bereit sind, in den Tag zu starten, ist Ihr Kind völlig ausgeknockt. Und wenn Sie sich an das Kindergartenkind erinnern, das vor Sonnenaufgang aus seinem Kinderzimmer brüllte: »Mama, ist es schon Tag?«, kommt es Ihnen vor, als läge das in weiter Ferne.

Es gibt ein paar Faktoren, die die natürliche Verschiebung der inneren Uhr Ihres Kindes verstärken können:

[1] Das Koffein, mit dem man tagsüber versucht, die Folgen des Schlafmangels zu bekämpfen, macht es schwerer, einen regelmäßigen Schlafzyklus zu finden.

[2] Anregende, körperlich anstrengende Beschäftigungen, wie z. B. abendliches Sporttraining, erschweren es runterzukommen.

[3] Fernsehen, Musik hören, am Computer sitzen – Teenager verlieren dabei gerne die Uhr aus den Augen und verpassen die Schlafenszeit.

[4] Man glaubt, dass das Licht der Computer- oder TV-Bildschirme die Ausschüttung unseres Schlafhormons, Melatonin, hemmt.

ER LEBT: Ein übernächtigter Teenager kann gruselig sein.
Teenager brauchen acht bis neun Stunden Nachtschlaf.
Mit mindestens acht Stunden Schlaf
Mit sechs Stunden Schlaf
ACHTUNG: Ihr Teenager kann ohne genügend Schlaf wie ein Zombie aus einem schlechten Film wirken.

Die Veränderung im Schlafrhythmus wäre kein Problem, wenn Kids morgens bis acht oder neun Uhr schlafen könnten. Aber da ist diese blöde Sache mit der Schule. Deshalb bauen die meisten Teenager ein riesiges Schlafdefizit auf, das jeden Aspekt ihres Alltags beeinflusst: Sie bleiben bis in die Nacht auf und werden aus dem Bett gezerrt, ehe sich ihre Körper erholt haben. Viele Jugendliche kriegen nur sechs oder sieben Stunden Schlaf pro Nacht, so dass sie bis zum Ende der Woche ein Schlafdefizit von zehn oder mehr Stunden aufgebaut haben können.

Schlafentzug macht Teenager:

- launisch.
- gereizt und aggressiv.
- unkonzentriert im Unterricht und bei sportlichen Leistungen.
- zu einem größeren Unfallrisiko im Straßenverkehr.

EXPERTENTIPP: *Als Eltern wollen Sie einen übernächtigten, risikobereiten Teenager, dessen Reaktionsvermögen eingeschränkt ist, nicht hinter dem Lenkrad eines Autos sehen. Überlegen Sie, ob Sie die Autoschlüssel konfiszieren, bis Ihr Sohn oder Ihre Tochter wieder ausgeschlafen ist.*

Holen Sie den Schlaf zurück!

Es ist nicht leicht, einen Teenager davon zu überzeugen, dass er ein besserer Schüler, Sportler, Freund oder ein umgänglicheres Familienmitglied ist, wenn sein Kopf spätestens um 22 Uhr auf dem Kopfkissen liegt. Wenn die Schlafgewohnheiten schon seit einiger Zeit aus dem Gleis geraten sind, kann es tatsächlich sein, dass sich Ihr Sohn oder Ihre Tochter nicht mehr müde fühlt, vor allem dann, wenn das Schlafdefizit durch ein Nickerchen nach der Schule oder einen Espresso abgefedert wird.

Trotzdem sollten Sie ein paar Regeln aufstellen, mit denen sich die Schlafqualität Ihres Kindes verbessert lässt:

[1] Nehmen Sie den Fernseher aus dem Schlafzimmer.

[2] Verlegen Sie die Zeit für die Hausaufgaben auf den Nachmittag oder frühen Abend.

[3] Bestimmen Sie eine Uhrzeit, zu der Computer, Handy oder andere Bildschirmmedien ausgeschaltet werden müssen.

[4] Ihr Kind sollte die Vorhänge öffnen, bevor es ins Bett geht, damit am Morgen Tageslicht ins Schlafzimmer fällt.

[5] Versuchen Sie, lange Nachmittagsschläfchen nach der Schule oder endloses Ausschlafen am Wochenende zu verhindern, weil sie den Schlafrhythmus zusätzlich aus dem Takt bringen.

Fordern Sie Ihren Teenager auf, ein oder zwei Wochen lang einen gesünderen Schlafrhythmus auszuprobieren, um selbst festzustellen, ob er einen Unterschied bemerkt. Es ist ein ziemlich überzeugendes Argument, sich ausgeschlafen, wach und emotional ausgeglichen zu fühlen – selbst für einen Jugendlichen.

Wie man einen Teenager am Morgen aus dem Bett bringt:

- Rufen Sie Ihren Sohn auf dem Handy an. (Selbst wenn er wie tot schläft, dringt der Klingelton erstaunlicherweise immer durch.)
- Arrangieren Sie eine Mitfahrgelegenheit mit dem Schwarm ihrer Tochter.

Das motiviert sie, frühzeitig aufzustehen, um sich sorgfältig zu schminken und anzuziehen.

- Fordern Sie ihn mit einer Aufsteh-Challenge heraus: Wenn er eine Woche lang rechtzeitig aus dem Bett kommt, bekommt er etwas, das er sich schon lange wünscht. (Pizzaparty am Freitag, mehr Handyminuten, das Auto am Samstagabend usw.)
- Machen Sie ein lecker riechendes Frühstück. Er wird dem Geruch, der durch das Haus zieht, nicht widerstehen können.

Es geht unter die Haut:

Das Elend mit Pickeln, Mitessern und Akne

Es ist unfair. Genau an dem Tag, an dem Ihr Sohn sein langersehntes Date hat, das Klassenfoto geschossen wird oder Ihre Tochter ihr Referat halten muss, wacht er oder sie mit einem riesengroßen Pickel auf der Nase auf. Das, was am sichtbarsten zeigt, dass man ein Teenager ist, ist am wenigsten lustig. Leider spielen die Gene eine sehr große Rolle dabei, wer Akne bekommt und wer nicht. Wenn Sie oder Ihr Mann Akne hatten, ist die Wahrscheinlichkeit groß, dass auch Ihr Kind betroffen ist. Warum die Haut? Und warum gerade jetzt? Die Antwort liegt in einer weiteren kurzen Biologiestunde über Ihren heranwachsenden Jugendlichen:

- Das Testosteron-Level ist jetzt (bei Jungen und bei Mädchen) so hoch, dass man die Folgen an der einst makellosen, samtweichen Haut Ihres Kindes sehen kann.
- Bei den Talgdrüsen kommt es zu einer Überproduktion an Hauttalg, einem »Schmiermittel« für die Poren. (Stress kann ebenfalls eine Rolle bei der frisch angelaufenen Fettproduktion spielen.)

- Der Talg mischt sich mit abgestorbenen Hautschuppen, die sich verdicken und die Poren verstopfen können.
- Der Körper reagiert mit der Bildung von Eiter, wenn eine Infektion daraus entsteht.

Das ist alles andere als schön, und es dauert auch ein paar Tage, bis es abheilt.

EXPERTENTIPP: *Dunkle Mitesser (Blackheads) sind verstopfte Poren mit einer Hautöffnung. Talg wird dunkel, wenn er mit Sauerstoff in Kontakt kommt. Helle Mitesser (Whiteheads) sind verstopfte Poren, die unter der Hautoberfläche verborgen bleiben. Blackheads und Whiteheads können sich von kleinen Hautirritationen zu flammend roten Pusteln auswachsen, wenn sich in der Pore noch mehr Talg und Bakterien bilden und eine Entzündung entsteht. Diesen Wechsel auf die dunkle Seite nennt man dann Akne.*

Was Sie tun und was Sie lieber lassen sollten

Mit ein paar Maßnahmen können Sie die Akne reduzieren:

- das Gesicht zweimal täglich mit einer milden Waschlotion reinigen. Aber Achtung: Zu häufiges Waschen regt die Haut zu verstärkter Talgproduktion an. Die Haut mit einem Waschlappen reinigen und trocken tupfen.
- Falls Waschen nicht ausreicht, gibt es freiverkäufliche Anti-Akne-Produkte mit den Wirkstoffen Benzoylperoxid oder Salicylsäure. Salicylsäure klärt die Poren, Benzoylperoxid wirkt antibakteriell, es reinigt die Hautoberfläche und entfernt die abgestorbenen Hautzellen, die die Pore verstopfen. Da es Benzoylperoxid in unterschiedlich starken Dosierungen gibt, sprechen Sie besser mit Ihrem Arzt, welche für die Haut Ihres Kindes geeignet ist. (Ach-

tung: Durch das Benzoylperoxid ist die Haut empfindlicher gegenüber UV-Strahlung, Ihr Kind braucht daher zusätzlichen Sonnenschutz.)

- Empfehlen Sie Ihrem Sohn eine Feuchtigkeitslotion mit dem passenden Feuchtigkeitsgehalt. (Wählen Sie ein Produkt für trockene Haut, Mischhaut oder fettige Haut.) Die Haut sollte nicht austrocknen, weil das wiederum die Produktion von Talg anregt.

- Ihre Tochter sollte Kosmetik verwenden, die der Neubildung von Hautunreinheiten vorbeugt.
- Hände aus dem Gesicht! Auch wenn das Ausdrücken einer verstopften Pore die Lösung zu sein scheint, wird die Haut dadurch nur noch stärker irritiert. Kein Fummeln an Pickeln!

EXPERTENTIPP: *Denken Sie daran: Eine makellose Haut braucht Zeit. In unserer schnelllebigen Welt rufen mich empörte Teenager schon nach zwei Wochen an, weil sie immer noch Pickel haben. Denken Sie daran: Akne kann sich erst verschlimmern, ehe sie abheilt.*

Falls freiverkäufliche Produkte bei Ihrem Teenager nicht ausreichen, muss er einen Dermatologen aufsuchen, der lokale antibiotikahaltige Salben oder Antibiotika-Tabletten verschreiben kann. Diese Medikamente werden normalerweise täglich über einen Zeitraum von sechs Monaten oder länger genommen. Andere Behandlungsmethoden beinhalten Peelings und Kortikoid-Injektionen, die direkt in die Zyste gespritzt werden.

Je nachdem, wie es Ihrem Jugendlichen mit der Akne geht, kann auch das Gespräch mit einem Therapeuten hilfreich sein. Viele Teenager leiden stark unter ihrer periodisch auftretenden und schweren Akne. Es kann ihr Selbstbild beeinflussen. Ein Gespräch mit einem Therapeuten kann Ihren Jugendlichen in dieser Zeit zusätzlich unterstützen.

EXPERTENTIPP: *Auch wenn Sie finden, dass die Haut schlimm aussieht, sollten Sie nicht automatisch davon ausgehen, dass Ihr Teenager unter der Akne leidet. Versuchen Sie behutsam herauszufinden, wie er sich fühlt. Bieten Sie ihm Hilfe bei der Suche nach geeigneten Behandlungsmethoden an. Reagiert er darauf mit »Lass mich in Ruhe!«, lassen Sie ihn in Ruhe – solange die Akne keine schweren Narben im Gesicht verursacht, seine Pickel harmlos sind und er kein Problem damit hat, sich mit der Akne zu arrangieren.*

Essen ohne Ende:

Teenager im Wachstum

Der Wachstumsschub Ihres Teenagers bringt auch neue Ernährungsgewohnheiten mit sich. Einfach gesagt: Ihr Kind braucht mehr Kalorien, damit sein Körper wachsen kann. Jungen benötigen in der heißen Wachstumsphase (zwischen 14 und 18 Jahren) tendenziell mehr Kalorien als Mädchen. Jungen können bei einem Wachstumsschub täglich bis zu 4000 Kalorien vertilgen, ohne an Gewicht zuzunehmen. Aber das ist das Extrem. Mädchen sollten in diesem Alter täglich ungefähr 2200 Kalorien essen, Jungen circa 2800 Kalorien.

Wie viele Kalorien Kids brauchen, hängt auch davon ab, wie aktiv sie sind. Aber selbst ein Stubenhocker braucht mehr Nahrung als in jüngeren Jahren. Wenn Sie jedoch einen Schwimmolympioniken wie Michael Phelps im Haus haben (der während des Trainings circa 12 000 Kalorien täglich verbrennt), werden Sie, wenn Sie ihn satt kriegen wollen, sehr oft zum Supermarkt fahren müssen.

Für den Fall, dass Ihr Sohn oder Ihre Tochter Angst hat, dick zu werden:

- Raten Sie Ihrem Kind, gesunde, selbstgekochte Mahlzeiten statt Fast Food zu essen – je weniger industriell verarbeitete Nahrung, desto besser.
- Kaufen Sie vor allem gesunde Lebensmittel ein. Reichen Sie zu jeder Mahlzeit einen Salat, das sättigt großartig.
- Führen Sie die Regel ein, dass nur in der Küche oder am Esstisch gegessen werden darf. Im Schlafzimmer sind Eisbecher oder Chips nicht erlaubt.
- Kontrollieren Sie die Größe der Portionen. Servieren Sie kleine Mengen auf kleinen Tellern.
- Achten Sie darauf, dass Ihr Kind langsam isst. Es dauert zwanzig Minuten, bis das Gehirn realisiert, dass der Magen satt ist.
- Sorgen Sie dafür, dass Ihr Teenager das Frühstück nicht überspringt.

EXPERTENTIPP: *In meiner Praxis, die auf Essstörungen spezialisiert ist, gebe ich meinen Patienten drei wichtige Hinweise: (1) Dick ist kein Gefühl. Wenn jemand sagt: »Ich fühle mich dick«, ist die dahinterliegende Botschaft normalerweise: »Ich bin einsam«, »Ich bin wütend« oder »Ich bin deprimiert«. Konzentrieren Sie sich auf das Gefühl hinter der Aussage. (2) Vermeiden Sie Kommentare wie: »Dieses Essen ist nicht gut für dich.« Essen ist niemals schlecht – es ist nur mehr oder weniger gesund. (3) Beachten Sie nicht die Zahlen auf der Badezimmerwaage. Essen Sie so gesund wie möglich, bewegen Sie sich und stärken Sie Ihr positives Körpergefühl.*

Den eigenen Körper lieben lernen

Es ist verblüffend, dabei zuzusehen, wie sich ein zwölfjähriges gehemmtes Mädchen in eine locker-lässige Achtzehnjährige im Bikini verwandelt. Für manche Kinder ist es keine große Sache, in ihren erwachsen werdenden Körper hineinzuwachsen. Für andere kann es peinlich und frustrierend sein, eine Phase selbstkritischer Neuorientierung. Die wenigsten Erwachsenen können von sich behaupten, dass sie mit ihrem Aussehen rundum zufrieden sind – dabei hatten wir schon jahrelang Zeit, uns an uns selbst zu gewöhnen.

Vor allem Mädchen machen oft den Fehler, sich mit den Models in Modemagazinen zu vergleichen, während viele Jungen wie besessen ihren muskulösen Lieblingssportlern nacheifern. Angesichts dieser unrealistischen Vergleiche ist es kein Wunder, dass nur sehr wenige Kids daran glauben, dass sie selbst gut dastehen. Machen Sie mit Ihrem Teenager einen Realitätscheck zu seiner körperlichen Entwicklung:

WIE VIELE KALORIEN SIND RICHTIG?

1

2

3

TÄGLICHE KALORIEN FÜR KIDS:

1. Mädchen → 2200 Kalorien/Tag
2. Jungen → 2800 Kalorien/Tag
3. Olympische Schwimmhoffnung → bis zu 12 000 Kalorien/Tag während des Trainings

ANDERE ERNÄHRUNGSTIPPS:

4. Verzicht auf Fast Food.
5. Kaufen Sie mehr gesunde Lebensmittel ein.

4

5

- Viele Jungen, die sich einen definierten Sixpack wünschen, müssen sich gedulden. Ihr Körper beginnt erst mit circa sechzehn Jahren so große Mengen an Testosteron zu produzieren, dass die Muskeln signifikant wachsen.
- Mädchen nehmen im Laufe der Pubertät an den Hüften oder Oberschenkeln zu, ihr Körper nimmt Kurven an. Der Wunsch vieler Teenager-Mädchen, streichholzdürr zu sein, ist also unrealistisch.

Es liegt an den Genen – und noch an einigem mehr

Die meisten Teenager werden erst breiter, ehe sie sich strecken. Wie schon als Baby, wird Ihr Kind erst moppeliger, ehe es in die Höhe schießt. Die Gene spielen beim Aussehen Ihres Teenagers eine große Rolle. Es kann für ein Kind, das klein gewachsenen ist, hart sein zu realisieren, dass auch seine Eltern klein sind und sich sein Traum, ein gefeierter Basketballstar zu werden, nicht erfüllen wird. Für ein Mädchen, das die Kringellocken ihrer Eltern geerbt hat, ist es möglicherweise deprimierend, dass ihr Haar nie wie Seide im Wind wehen wird. Aber das sind die Momente, in denen Sie Ihrem Kind signalisieren sollten, dass es, egal, wie es aussieht, freundlich und liebenswert ist und sich selbst so akzeptieren sollte.

Aber natürlich ist nicht alles durch die willkürliche Kombination der Gene festgelegt. Ihre Kinder nehmen auch – bewusst und unbewusst – alle Botschaften auf, die Sie selbst über äußeres Erscheinen aussenden. Sie als Eltern sind ein Vorbild für die eigene Akzeptanz. Das heißt, dass Sie erst selbst Ihre eigenen Themen mit Ihrem Körper klären müssen, bevor Sie erwarten können, dass Ihr Kind es tut:

- Achten Sie darauf, wie Sie selbst Ihr eigenes Aussehen beschreiben, aber auch darauf, was für Sie »perfektes« Aussehen ist.
- Übertragen Sie Ihre eigenen Sorgen in Bezug auf Gewicht und Diäten nicht auf Ihren Teenager.

EXPERTENTIPP: *Auf den Formblättern zur Gesundheit fragen manche Schulen jetzt auch nach dem Body Mass Index (BMI). Anschließend werden die Eltern häufig darauf hingewiesen, dass ihr Kind ein erhöhtes Risiko für Übergewicht zeigt. Ich bin zutiefst davon überzeugt, dass es sich dabei um einen falsch verstandenen Versuch handelt zu helfen – er führt aber nur dazu, unseren Kindern ein Etikett zu verpassen. Sollten Sie einen solchen Hinweis erhalten, erklären Sie Ihrem Kind, dass eine Zahl nur eine Zahl ist und dass Sie mit Ihrem Arzt über Bewegung, ausgewogene Ernährung und ein gesundes Körperbild sprechen werden.*

Dein Körper, dein Selbst

Teenager haben die verblüffende Fähigkeit, etwas, das sie gehört haben, auf sich selbst zu beziehen, auch wenn es überhaupt nicht um sie geht. Eine Mutter, die sich Sorgen über ihr eigenes Gewicht macht oder ununterbrochen »morgen mit der Diät beginnt«, kann ihrer Tochter unbewusst die Botschaft weitergeben, dass es in Ordnung ist, wenn man vom Gewicht oder dem perfekten Ausstehen besessen ist – oder dass »fett« zu sein gleichbedeutend ist mit Versagen oder Wertlosigkeit. Ein Vater, der seinen Sohn damit aufzieht, wann er denn endlich »echte« Muskeln bekommt, hält das für einen gutmütigen Scherz, aber dieser birgt eine hohe Wahrscheinlichkeit, dass er seinem Kind ein negatives Körpergefühl vermittelt.

EXPERTENTIPP: *Die Gefahr, dass sich Ihre Bemühungen als Bumerang erweisen und das Problem verstärken, wird umso größer, je mehr Anstrengungen Sie unternehmen, dass Ihr Kind abnimmt – dessen sollten Sie sich bewusst sein. Wissenschaftler, die sich mit Essstörungen beschäftigen, sind der Meinung, dass sich damit lediglich die negative Aufmerksamkeit auf das Thema verstärkt – bis zu dem Punkt, an dem Teenager mit ihrem Körperbild kämpfen und es ihnen noch schwerer fällt, eine Balance aus Essen und Bewegung zu finden. Anzeichen für eine mögliche Essstörung sind Gewichtsverlust, eine strikte Diät, eine verstärkte Beschäftigung mit dem Aussehen, die Sorge, fett zu wirken oder eventuell auch die Entscheidung für eine vegetarische Ernährung (die dem Jugendlichen eine rationale Ausrede bietet, sich strikt zu ernähren), soziale Isolation und exzessiven Sport.*

Aber Kinder können uns auch überraschen: Sportfans können sich minderwertig fühlen, und ein Teenager, der alles andere als ein Adonis ist, fühlt sich hundertprozentig wohl mit sich selbst. Ein Kind mit einem geringeren Selbstwertgefühlt tendiert dazu, sich wegen seines Aussehens herabzusetzen, während ein Kind mit einer »dickeren Haut« keinen Gedanken an ein perfektes Aussehen verschwendet. Suchen Sie also kein Problem, wo keins ist. Stärken Sie das Selbstbild Ihres Teenagers und helfen Sie Ihrer ganzen Familie, gesunde Gewohnheiten anzunehmen, indem Sie eine gesunde Einstellung vorleben:

- Werfen Sie die Waage aus dem Badezimmer.
- Machen Sie keine Diät, aber achten Sie generell stärker auf Ihre Gesundheit: Bewegen Sie sich regelmäßig, ernähren Sie sich gesund mit mehr Obst, Gemüse, Vollkorn und unverarbeiteten Lebensmitteln und verbringen Sie weniger Zeit vor dem Computer und dem Fernseher.
- Vermeiden Sie Junkfood und Fast-Food-Restaurants.

FINDE DIE INNERE SCHÖNHEIT:

Medien sind von körperlicher Schönheit besessen. Das kann für viele Teenager zum Problem werden.

ÜBERZEUGEN SIE IHRE FAMILIE VON GESUNDEN GEWOHNHEITEN:

1. Helfen Sie Ihrem Teenager, sich nicht mit Models zu vergleichen.
2. Werfen Sie die Waage weg.
3. Treiben Sie regelmäßig Sport.
4. Verzichten Sie auf Fast Food.
5. Achten Sie auf die Größe der Portionen und auf ausgewogene Mahlzeiten.

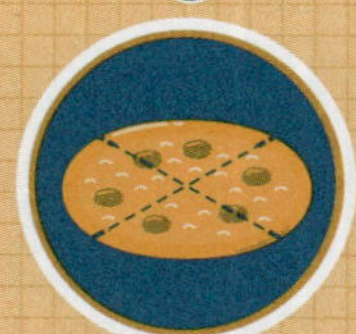

ACHTUNG: Machen Sie keine Scherze über das Aussehen von Teenagern, Kids nehmen sie oft sehr ernst.

- Informieren Sie Ihre Familie über ausgewogene Mahlzeiten und die angemessene Größe der Portionen. Werden Sie zu einer Familie von intuitiven Essern. Essen Sie, wenn Sie hungrig sind, und nicht, wenn Sie sich langweilen. Hören Sie auf, bevor sich Ihr Bauch voll anfühlt.

Auch, wenn es abgedroschen klingt: Sie müssen Ihrem Kind deutlich machen, dass es Schönheit in vielen Formen, Größen und Farben gibt. Es gibt nicht DIE eine Definition. Innere Schönheit ist wirklich die attraktivste und am längsten währende Eigenschaft.

Eine Glattrasur:

Einmaleins der Enthaarung

Die Pubertät bringt viele Abenteuer mit sich, einige sind haariger Natur. Hier ein paar Tipps, wie Sie mit diesen Problemen Ihres Teenagers umgehen:

Tipps für Jungen

Viele Jungen rasten vor Begeisterung aus, wenn aus ihrem ersten Flaum ein »echter« Bart wird und sie sich endlich rasieren können. Bringen Sie Ihrem Sohn unbedingt die richtige Rasiertechnik bei. Er hat bestimmt schon im Bad beobachtet, wie sich sein Vater rasiert und hat daher eine Ahnung davon, was er tun muss. Aber für alle Fälle gibt es hier noch ein paar Hinweise für ihn:

[1] Nimm eine heiße Dusche, dann ist die Luft im Badezimmer dampfig.

Durch die Hitze wird deine Haut weicher, und die Poren öffnen sich, das Rasieren ist einfacher.

[2] Rasiere dich mit einer frischen, sauberen Klinge. Durch abgenutzte Klingen wird die Rasur ungleichmäßig, und die Bartwurzeln können sich entzünden. Wechsle einmal wöchentlich die Klinge.

[3] Nimm Rasierschaum und creme alle Teile des Gesichts, die du rasieren willst, kreisförmig ein. Wenn du wie ein Weihnachtsmann aussiehst, hast du alles richtig gemacht.

[4] Rasiere dich mit kurzen Strichen. Zieh die Haut mit den Fingern auseinander oder spann die Gesichtsmuskeln an, damit die Rasur glatt und gründlich wird. Schürz die Oberlippe, wenn du den kniffeligsten Punkt unter der Nase rasierst. Verzieh immer wieder das Gesicht, damit die Oberfläche eben ist und sich leichter rasieren lässt.

[5] Spül die Klinge nach jedem Strich unter fließendem Wasser aus. Keine Hektik. Es gibt keinen Preis für Geschwindigkeit, unnötige Eile führt nur zu Schnittwunden. Falls du dich schneidest, drückst du ein Taschentuch auf die Wunde und tupfst Vaseline darauf, damit die Haut schneller heilt.

[6] Rasiere dich nie gegen den Haarwuchs, das kann die Haut irritieren, und sie kann sich entzünden. Haare wachsen in verschiedene Richtungen. Schau dir die Wuchsrichtung genau an und rasiere dich entsprechend.

[7] Spritz dir am Ende der Rasur kaltes Wasser ins Gesicht, damit sich die Poren schließen. Aftershave zieht ebenfalls die Poren zusammen.

[8] Trag Aftershave-Balsam, Rasiergel oder Feuchtigkeitscreme auf, sie entspannen die Haut.

EXPERTENTIPP: *Mit einem elektrischen Rasierer geht es noch einfacher: Warmer Dampf öffnet die Poren und macht die Haut geschmeidig. Die Haut sollte trocken sein. Benutze den Rasierer so, wie es der Hersteller in der Gebrauchsanweisung beschreibt. (Jedes Modell hat andere Spezifikationen für die optimale Rasiertechnik.) Trag zum Schluss Feuchtigkeitscreme auf.*

Lockige Barthaare wachsen oft in die Haut zurück. Wenn Ihr Sohn zu eingewachsenen Haaren neigt, sollte er einen Rasierer mit nur einer Klinge verwenden. Das Barthaar wird dann zwar länger abgeschnitten, aber es kringelt sich, wenn es wächst, nicht zurück in die Haut. Das Ergebnis ist dann zwar weniger glatt, aber die Rasur ist für Ihren Sohn weniger holperig und angenehmer – wenn auch nicht für seine Freundin.

EXPERTENTIPP: *Wichtige Regel: Den Rasierer niemals gemeinsam mit anderen Jungen benutzen. Durch das Teilen können sich Bakterien übertra-*

gen. Viele Bakterien breiten sich heute schneller aus und sind schwerer zu behandeln (MRSA, multiresistenter Staphylococcus aureus, zum Beispiel). Bei Infektionen sollte Ihr Arzt die Haut auf diese Bakterien untersuchen.

Tipps für Mädchen

Mädchen rasieren sich normalerweise die Achselhöhlen und die Beine bis zum Knie, auch wenn es dafür keinen hygienischen Grund gibt. Sie fangen damit meist an, wenn sie es bei ihren Freundinnen beobachten und wenn ihre Eltern es erlauben. Ein paar allgemeine Hinweise sollten genügen:

- Unter der heißen Dusche ist das Ergebnis am besten.
- Verwende immer eine saubere, scharfe Klinge.
- Mit Rasierschaum ist es angenehmer.
- Creme dich anschließend mit Feuchtigkeitscreme ein.

Tipps bei zwanghaften Teenagern

Mädchen und Jungen mit buschigen Augenbrauen leihen sich vielleicht gelegentlich Ihre Pinzette aus, um ihre Augenbrauen in Form zu zupfen. Jungen brauchen dabei oft Hilfe, um ihre »Monobraue« loszuwerden. Aber Sie sollten auch wissen, dass moderne Teenager zunehmend besessen von Haarentfernung sind. Während sich manche Mädchen mit der Achsel-, Bein- und Schambehaarung wohlfühlen, rasieren sich andere von den Achseln bis zu den Zehenspitzen. (Die meisten liegen irgendwo dazwischen.) Jungen fühlen mittlerweile ebenfalls den Druck zur Enthaarung. Waxing und das Rasieren von Rücken, Bauch, Brust, Beinen, Po und sogar »manscaping«, die Rasur der unteren Regionen, wird immer normaler. Es gibt absolut keinen medizinischen Grund für Haarentfernung, das ist ein rein kulturelles Phänomen.

EXPERTENTIPP: *Eines Tages werde ich ein Buch mit dem Titel »Wo sind die Schamhaare geblieben?« schreiben. Die Patienten, die ihre Schamhaare rasieren oder wachsen, werden immer jünger. Aber die Schamhaare haben eine wichtige Funktion: Sie sind wie ein Kissen, das den Schambereich vor Verletzungen schützt, und sie bilden eine Barriere gegen Bakterien. Und was noch wichtiger ist: Wir Ärzte müssen die Schamhaare sehen, damit wir eine normale Entwicklung der sekundären Geschlechtsmerkmale dokumentieren können.*

SPASS MIT BÄRTEN

Wenn Sie nicht wollen, dass die Abwege, auf die Ihr Sohn bei seiner Selbstentfaltung geraten kann, sein Leben lang zu sehen sind, wie bei Piercings oder Tattoos, können Sie sein Interesse für verschiedene Formen von Bärten wecken. Das kostet ihn nichts, und wenn seine Großmutter zu Besuch kommt, kann er den Bart abrasieren.

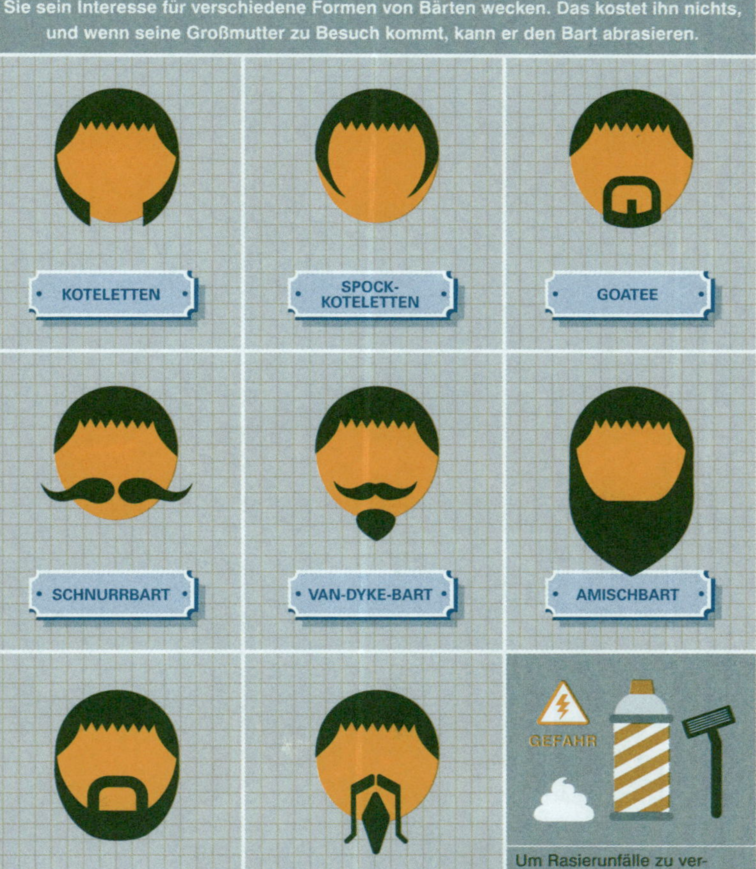

Um Rasierunfälle zu vermeiden, muss der Umgang mit einem traditionellen Rasierhobel gelernt werden.

ZEUGNIS
ZEUGNIS
ZEUGNIS
ZEUGNIS
ZEUGNIS

[Kapitel 3]

Lernfrust:

Durch die Schule kommen

Zensuren, Hausaufgaben, Mobbing, Lernstörungen oder der Stress der Bewerbungen für Ausbildungsplatz oder Uni: Alle Familien, die schon diesen steinigen Weg gegangen sind, wissen: Die Sorgen und Ängste betreffen nicht nur den Teenager – das Glückslevel der ganzen Familie hängt davon ab. Der Trick besteht darin, wie man mit den Stolpersteinen umgeht.

Die Schule meistern

Realistische Erwartungen sind das wichtigste Mittel, will man einer der häufigsten Ursachen für den Flächenbrand zwischen Eltern und Jugendlichen den Zunder entziehen. Viele Eltern sind frustriert und fühlen sich machtlos, wenn ihr Teenager mit einer miesen Note oder einem lausigen Zeugnis nach Hause kommt. Sie reagieren mit: »Ich weiß, dass du mehr kannst.« Sie können sich aber nicht ins Klassenzimmer setzen und für Ihren Teenager lernen. Vielleicht haben Sie auch das Gefühl, dass es Ihnen nicht gelingt, Ihr Kind so zu motivieren, dass es sich aus eigenem Antrieb für gute Noten anstrengt.

Ein weiteres großes Hindernis ist die Unfähigkeit der Kids, sich zu organisieren. Es ist schwer, die Anforderungen zu erfüllen, wenn man vergessen hat, sie zu notieren oder die notwendigen Bücher noch in der Schule liegen. Gebrüll, böse Blicke oder einen Vortrag halten – nichts davon trägt dazu bei, aus einer Fünf eine Eins zu machen. Was können Eltern also tun?

Wessen Problem ist das eigentlich?

Stellen Sie sicher, dass Sie nicht stellvertretend durch Ihr Kind versuchen, Ihre eigenen gescheiterten Ausbildungsträume zu realisieren.

- Es mag Ihr Traum gewesen sein, Herz-Lungen-Chirurg zu werden, aber ist es auch der Traum Ihres Teenagers?
- Passen Ihre Erwartungen auch speziell zu diesem Kind?
- Sind Ihre Erwartungen so hoch, weil ein Geschwisterkind hochbegabt ist?

In einer Familie hat jedes Kind seine eigenen Begabungen und Fähigkeiten, und diese können sehr unterschiedlich sein. Aber wenn Sie sich sicher sind, dass die Noten Ihres Kindes nicht nur eine Reflexion Ihrer eigenen Erwartungen sind, dann sollten Sie unbedingt gut überlegte Maßnahmen ergreifen, mit denen Sie Ihrem Jugendlichen helfen, die Kluft zwischen den aktuellen schulischen Leistungen und dem Ziel, bessere Noten zu erreichen, zu schließen.

Warum sind die Noten abgestürzt?

Werden die Noten in allen Fächern schlechter, oder ist Ihr Kind nur in einem Fach schwach? Wenn die Leistungen in allen Fächern abfallen, müssen Sie herausfinden, ob das soziale oder emotionale Gründe hat.

- Hat Ihr Kind angefangen, mit selbstzerstörerischem Verhalten zu experimentieren, zum Beispiel mit Drogen- oder Alkoholkonsum oder riskantem Sex? Und wenn ja, warum?
- Haben sich seine Schlaf- und Essgewohnheiten oder sein sozialer Umgang stark verändert? Ihr Kind leidet möglicherweise unter Depressionen und benötigt professionelle Hilfe. (Wenn ja, nehmen Sie Kontakt zu einem Lehrer Ihres Vertrauens oder dem Schulpsychologen auf, um erste Antworten zu bekommen.)
- Ist Ihr Kind in der Schule einfach weniger ambitioniert, als Sie sich das wünschen? Liegt sein Ehrgeiz eher auf anderen Gebieten, die ihm wichtiger

sind, wie Sport, Freundschaften oder Computerspiele? (Verdammtes *World of Warcraft!*)

Der Übertritt von der Grundschule zu einer weiterführenden Schule ist häufig ein weiterer Grund für schlechte Leistungen bei Jugendlichen.

Wie auch immer der Wechsel in die höheren Klassen aussieht, er bringt normalerweise auch einen neuen Stundenplan und eine andere Art, wie Inhalte vermittelt werden, mit sich. In der Vergangenheit hat Ihr Kind vielleicht in einem interaktiven Unterrichtsumfeld gelernt, bei dem viele Sinne angesprochen und unterschiedliche Lernmethoden genutzt wurden. Weiterführende Schulen lehren mit einem traditionelleren Modell, bei dem der Lehrer als Experte vor der Tafel steht und doziert. Nun sind plötzlich diese Fähigkeiten für alle Schüler wichtig: zuhören können, gut mitschreiben und den Ausführungen des Lehrers aufmerksam folgen. Viele Schüler fühlen sich in der Übergangsphase unsicher, bis sie sich angepasst haben und den Anforderungen gewachsen sind. Wehe denen, die nicht gelernt haben zuzuhören!

Nicht wütend werden – Hilfe holen

Es mag ja eine natürliche Reaktion sein, wegen einer schlechten Note sauer zu werden, aber sie ist alles andere als hilfreich. Ihr Kind ist selbst enttäuscht und fühlt sich schlecht genug, ohne dass Sie auch noch ein emotionales Streichholz an die Lunte halten. Sie können Ihrem Kind besser helfen, wenn Sie:

- eingestehen, dass wir alle Fehler machen oder etwas durcheinanderbringen können.
- versuchen, den Grund herauszufinden, warum Ihr Jugendlicher manche

Fragen nicht beantworten konnte oder in einer Klassenarbeit schwach abgeschnitten hat.

- die Note als »Lernmoment« nutzen. Die Benotung zeigt, wo Ihr Kind Lücken hat. Jetzt weiß es, an welchen Punkten es nacharbeiten muss.
- Ihr Kind fragen, wie es sich verbessern kann. Welche Methode würde beim nächsten Mal mehr Erfolg bringen? Braucht Ihr Sohn zusätzliche Hilfe vom Lehrer, oder muss Ihre Tochter bei bestimmten Unterrichtsthemen mehr üben? Würde es helfen, wenn sie die Rolle des Lehrers übernimmt und Ihnen die Unterrichtsstunde erklärt?

Sie werden schnell gemeinsam mit Ihrem Teenager herausfinden, wo seine Schwächen liegen. Wenn er erst weiß, was er nicht versteht und warum er es nicht versteht, kann er anfangen, die Lücken zu schließen. Aber Ihrem Kind dabei zu helfen, die schulischen Leistungen zu verbessern, heißt weitaus mehr, als nur die Hausaufgaben zu überwachen.

[1] Treffen Sie sich mit dem Lehrer, um das Problem zu besprechen. Muss Ihr Sohn seine Lernmethodik verbessern oder braucht er einen gleichaltrigen Tutor, sollte Ihre Tochter die Unterrichtsstunde mitschneiden, um sie später ein weiteres Mal anzuhören oder anzusehen, oder sollte sie in der Freizeit Nachhilfe bekommen?

[2] Schauen Sie sich die Unterrichtsnotizen an. Schreibt Ihr Sohn das Richtige mit? Ist seine Mitschrift in Ordnung, braucht er vielleicht eine bessere Technik, den Lernstoff abzuprüfen, um zu sehen, dass er ihn auch verstanden hat.

[3] Sind die Notizen unzureichend, hat er beim Mitschreiben vielleicht die wichtigsten Punkte des Unterrichts ausgelassen. Das wiederum bedeutet, dass er in der Prüfung schlecht abschneidet. In diesem Fall kann er den Lehrer um das Unterrichtsmaterial bitten, sich mit einem anderen Schüler

kurzschließen, um die Mitschriften zu vergleichen oder Computermaterial verwenden (kursbegleitende Websites oder CDs), um den Stoff besser zu verstehen.

[4] Suchen Sie einen Tutor, der Ihren Sohn oder Ihre Tochter durch Einzelnachhilfe mit zusätzlichem Unterrichtsmaterial und bei der Organisation der Hausaufgaben unterstützen kann. (Zusatznutzen: Mit einem Nachhilfelehrer kommen Sie auch raus aus den unerfreulichen Eltern-Kind-Machtspielen.)

Jede dieser Maßnahmen setzt voraus, dass sich der Schüler auch wirklich verbessern will. Keine Extraunterstützung der Welt wird einem Kind helfen, dem seine Noten völlig egal sind!

EXPERTENTIPP: *Geht Ihr Kind lässig mit schlechten Noten um? Dann ist es vielleicht in die Defensive gegangen und will sich gegen schlechte Gefühle schützen, weil es eigentlich selbst total unglücklich über seine schlechten Leistungen ist. Das passiert häufig, wenn Kinder nicht diagnostizierte Lernschwächen haben. Man kann leicht nachvollziehen, warum sie aufgeben: Sie sind enttäuscht und frustriert und haben nicht die leiseste Ahnung, wer oder was ihnen helfen kann. Mit der Einstellung »Ist doch eh alles egal« ist es für sie leichter, mit diesen Gefühlen umzugehen. Sie schützt sie vor weiteren Verletzungen, vor Beschämung und Verunsicherung. Wenn Sie vermuten, dass bei Ihrem Kind eine Lernstörung vorliegen könnte, sollten Sie es unbedingt testen lassen. (Mehr Informationen dazu weiter unten im Unterkapitel »Was, wenn Ihr Kind wirklich eine Lernstörung hat?«.) Hat sich ein Kind einmal Lernstrategien angeeignet und einen Lehrplan bekommen, der seine Stärken stärkt und seine Schwächen abfängt, kann es enorme Fortschritte machen.*

Wie man die Schulnoten rettet, indem man Energie erzeugt

Die meisten Teenager bauen jede Woche ein signifikantes Schlafdefizit auf, und viele tun sich schwer, es wieder auszugleichen. Ein müder Schüler ist kein Schüler, der Bestleistungen erzielt.

Ihr Teenager braucht ungefähr 8½ bis 9¼ Stunden Schlaf pro Nacht. Kommt Ihre Tochter auf weniger Schlaf, wird sie im Unterricht vor lauter Müdigkeit anfangen, Stoff zu verpassen. Ihr Schlafdefizit wird sie auf Dauer ihre Konzentration, ihre Aufmerksamkeit und ihre gute Laune kosten. Beachten Sie die Schlafhinweise weiter oben, aber legen Sie Ihrem Kind auch nahe, seine Verpflichtungen zu reduzieren und nicht Opfer eines übervollen Zeitplans zu werden. Oft haben Kinder zu viele Hausaufgaben, und die Anforderungen in der Schule sind hoch. Da muss sich was ändern.

- Außerschulische Aktivitäten können Spaß machen und die Chancen bei einer Uni-Bewerbung erhöhen, aber vielleicht muss sich Ihr Sohn in diesem Schuljahr zwischen Fußball und Theater-AG entscheiden und kann nicht beides machen.
- Viele Teenager machen gerne einen Aushilfsjob, aber oft geben sie das Geld für Dinge aus, die sie theoretisch gar nicht brauchen. Was ist mehr wert: ein Paar angesagte Sneakers oder gute Noten? Die Konzentration auf die schulischen Leistungen wird sich am Ende auszahlen.

Realitätscheck:

Was, wenn Ihr Kind wirklich eine Lernstörung hat?

Eine Lernstörung wird dann diagnostiziert, wenn sich die schulischen Leistungen eines Kindes wesentlich von denen unterscheiden, die man aufgrund der Befähigungen des Kindes erwarten würde. Dazu gehören die Lese-Rechtschreib-Schwäche (Legasthenie), aber ebenso die Aufmerksamkeitsschwäche (Aufmerksamkeitsdefizitstörung, ADS), die Hyperaktivität (Aufmerksamkeitsdefizit-Hyperaktivitätstörung, ADHS) oder Sprachstörungen.

Viele Kinder, die unter einer nicht diagnostizierten Lernstörung leiden, verwenden viel Energie darauf, sich anzupassen, und kommen damit eine ganze Weile durch. Aber die Last und die Komplexität der schulischen und sozialen Leistungen wächst mit den Jahren, und irgendwann erreichen Teenager einen Punkt, an dem sie die Defizite nicht mehr länger kompensieren können. Vielleicht haben Sie eines der Anzeichen, dass es offensichtlich Probleme gibt, bemerkt:

- Ihr Sohn zeigt schlechte schulische Leistungen. Eines der ersten Signale ist mangelnde Organisation, unmittelbar gefolgt von sinkenden Noten und Schulangst.
- Er fängt an, eine Rolle zu spielen. Frustriert und enttäuscht wird er zum »Klassenclown« oder zum »Rebellen«, um vor den Gleichaltrigen das Gesicht zu wahren.
- Ihre Tochter nimmt nicht an sozialen Aktivitäten teil. Kinder mit einem Aufmerksamkeitsdefizitsyndrom (ADS) entwickeln sich tendenziell emotional langsamer als andere Kinder. Es kann sein, dass sie versucht, soziale Begegnungen zu vermeiden oder sich sozial unangemessen verhält.

- Er kann in Gesprächen nicht mithalten. Er ist frustriert, verschließt sich oder wird körperlich aggressiv.
- Er macht das Familienleben kaputt. Teenager, die den ganzen Tag hart daran arbeiten, die Fassade in der Schule aufrechtzuerhalten, können zu Hause launisch und gereizt sein oder Streit suchen. Jedes Kind kann mal einen harten Tag haben, aber durchgehend schlechtes Benehmen ist nicht normal.

Teenager mit Lernstörungen können außerdem ein erhöhtes Risiko für Depression und Mobbing haben und zu risikobereitem Verhalten tendieren.

Es kann schwierig sein, eine Lernstörung von normalen jugendlichen Ängsten, Desinteresse an der Schule oder einer schlechten Phase zu unterscheiden.

[1] Sprechen Sie zunächst mit einem Lehrer, dem Sie vertrauen, um zu sehen, ob gerade irgendetwas anders als sonst ist.

[2] Vereinbaren Sie einen Termin bei Ihrem Kinderarzt oder einem Spezialisten (den Ihr Kinderarzt empfiehlt), der mit Jugendlichen in diesem Alter arbeitet.

[3] Machen Sie so schnell wie möglich einen Termin, falls der Spezialist eine psychoedukative Evaluation empfiehlt. Diese Evaluation wird von einem Erziehungs- oder Schulpsychologen durchgeführt und liefert durch die Erfassung der medizinischen Historie, der schulischen Geschichte, durch Eindrücke von Lehrern und Eltern sowie eine Reihe von Testergebnissen ein umfassendes Lernprofil sowie ein emotionales Profil Ihres Kindes.

[4] Bestätigt der Test eine Lernstörung, wird Ihr Kind normalerweise einen individuellen Lehrplan erhalten, der detailliert die nächsten Schritte enthält.

[5] Sie können eine Schule für Ihr Kind suchen, die auf die jeweiligen Lernstörungen spezialisiert ist oder den Besuch der jetzigen Schule mit zusätzlicher Sprech- oder Sprachtherapie, Lerngruppen für soziale Fähigkeiten oder anderen Programmen ergänzen.

Es kann das Leben Ihres Kindes und Ihrer Familie grundsätzlich verändern, wenn Sie die Hilfe bekommen, die Sie benötigen. Kinder mit Lernstörungen, die richtig behandelt werden, entdecken oft eine Leidenschaft, die die negativen Erfahrungen aufwiegen. Sie finden eine Gruppe Gleichaltriger, die ihre Interessen teilen. Sobald sie ihre Energie und Begeisterung in etwas stecken können, in dem sie gut sind, scheinen die täglichen Herausforderungen, denen sie sich stellen müssen, vergleichsweise kleiner.

EXPERTENTIPP: *Beziehen Sie Ihr Kind in jeden Schritt dieses Prozesses ein, damit es sich die Situation nicht weitaus schlimmer vorstellt, als sie in Wirklichkeit ist. Es ist wichtig, dass Ihr Sohn oder Ihre Tochter informiert ist und eine positive Einstellung hat.*

Zu Hause ist dort, wo die Hausaufgaben gemacht werden

Manche Kinder nehmen ihre Hausaufgaben in Angriff, ohne einen echten Plan zu haben. Sie wissen, wie sie sich damit durchlavieren können, und das geht auch so lange gut, bis das Arbeitspensum einen kritischen Punkt erreicht und sie mit ihrer Improvisation nicht länger durchkommen. Jetzt können Sie Ihrem Kind helfen, sich zu strukturieren.

Alles eine Frage der Gewohnheit

[1] Das mag erst mal selbstverständlich klingen, aber Sie sollten sicherstellen, dass Ihr Kind korrekt und an einer festen Stelle notiert, welche Hausaufgaben es zu erledigen hat – entweder in einem Hausaufgabenheft oder in einer To-do-Liste. Und dann auch alle notwendigen Bücher und Lernmaterialien mit nach Hause bringt.

[2] Ist Ihr Kind eher chaotisch und schlecht organisiert? Bringen Sie ihm bei, die Schultasche bei Schulschluss zu kontrollieren, damit es alles dabeihat, was es für die Hausaufgaben braucht.

[3] Legen Sie eine feste Zeit für die Hausaufgaben fest, damit diese nicht aufgeschoben oder vergessen werden oder Sie auf einen späteren Zeitpunkt vertröstet werden. Falls Sie nach Ihrem Kind nach Hause kommen, legen Sie einen Zeitplan fest. Ihr Kind kann sich erst einmal etwas zu essen machen und sich ausruhen und dann um 16 Uhr mit den Hausaufgaben beginnen. Kündigen Sie an, dass Sie um diese Uhrzeit anrufen werden (natürlich, ohne zu meckern!), damit Ihr Teenager den Termin wirklich einhält.

[4] Richten Sie einen festen Arbeitsplatz für die Hausaufgaben ein, an dem sich Ihr Teenager konzentrieren kann. Viele Kinder lernen mit dem Handy neben sich, während die Musik oder der Fernseher auf voller Lautstärke läuft – keine gute Voraussetzung, um anhaltend konzentriert zu arbeiten. Und wenn Ihr Jugendlicher darauf besteht zu »lernen«, während er auf dem Bett liegt, ist die Wahrscheinlichkeit groß, dass er bald einschläft. Er sollte an einem Tisch sitzen, an dem er sein Material ausbreiten kann und die Füße den Boden berühren. Es kann ihn »erden«, die Füße auf den Boden zu stellen und ihm dabei helfen, bei der Sache zu bleiben.

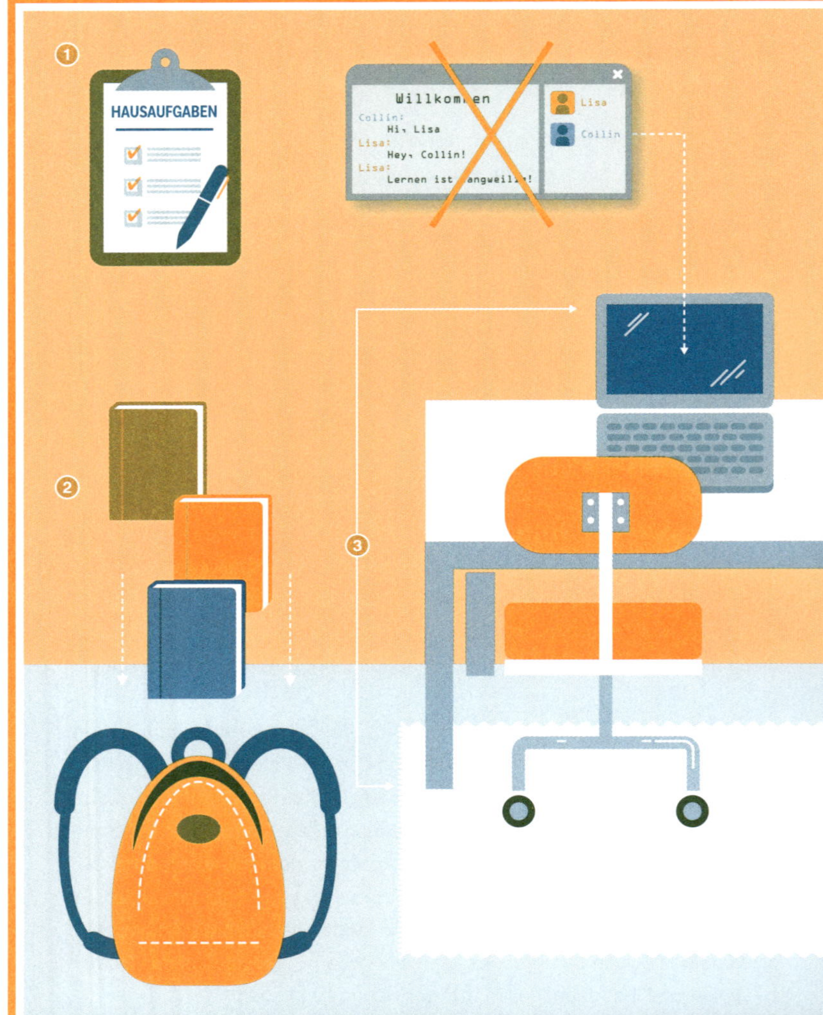

SO SCHAFFEN SIE GUTE GEWOHNHEITEN FÜR HAUSAUFGABEN:

GUTE GEWOHNHEITEN FÜR HAUSAUFGABEN:

1. Ein Hausaufgabenheft oder eine To-do-Liste führen
2. Schultasche am Schulende prüfen, damit alle Materialien vorhanden sind
3. Platz für die Hausaufgaben einrichten, der die Konzentration fördert
4. Kurze Pausen nach längerer Arbeitszeit machen
5. Lernt Ihr Kind mit oder ohne Musik besser?
6. Feste Hausaufgabenzeiten festlegen
7. Ein Hausaufgabenkalender erinnert an Abgabetermine

Ein Platz, an dem sich Ihr Kind konzentrieren kann, ist wichtig für den schulischen Erfolg.

[5] Entscheiden Sie, ob Ihr Kind besser in Ruhe oder mit leiser Hintergrundmusik arbeitet. Manche Kinder werden ohne Musik zu stark von anderen Umgebungsgeräuschen im Haus abgelenkt.

[6] Lassen Sie Ihrem Teenager Zeit, bevor Sie sich einmischen und einen Arbeitsplan für ihn aufstellen. Die schwierigsten Aufgaben sollten zuerst kommen, wenn er noch am meisten Energie hat. Aber wenn er zappelig ist, kann er auch mit den leichteren Aufgaben anfangen, damit er in Schwung kommt.

[7] Lassen Sie Ihre Tochter nach einer längeren Arbeitszeit eine Pause einlegen. Sie kann ihre Beine strecken, ein paar Sit-ups machen, um die Blutzirkulation anzuregen, und sich dann, ehe zu viel Zeit vergangen ist, wieder an die Aufgaben machen. Jedes Kind ist anders: Manche können zwei Stunden konzentriert am Stück arbeiten, während andere es nur dreißig Minuten lang schaffen.

[8] Gewöhnen Sie Ihrem Kind an, zu Hause einen Hausaufgabenkalender zu führen. Er ist eine visuelle Hilfe und zeigt Ihnen, wann Sie Ihren Teenager sanft an eine langfristige Aufgabe erinnern müssen.

EXPERTENTIPP: *Helfen Sie Ihrem Sohn bei einer umfangreichen Hausarbeit oder einem großen Projekt, das Arbeitspensum »in Häppchen aufzuteilen«, die es ihm ermöglichen, die Arbeit Stück für Stück bis zum Ende fertigzustellen. Er kann bis zum Abgabetermin jedes Wochenende Teil für Teil in Angriff nehmen. Eine wichtige Hausaufgabe bis zum Abend vor der Abgabe aufzuschieben, kann ein großer Stressfaktor sein, aber ein großes Projekt vorzeitig zu beenden, kann sich großartig anfühlen. Wenn Ihre Tochter das einmal erlebt hat, wird sie auch beim nächsten Mal motiviert sein, möglichst frühzeitig fertig zu werden.*

[9] Verabreden Sie sich täglich mit Ihrem Kind, damit Sie die Fortschritte überprüfen können. Dann können Sie Ihrem Teenager Unterstützung anbieten, Fragen beantworten oder sehen, ob er sich vom Lehrer zusätzliche Infos zum Stoff besorgen muss.

EXPERTENTIPP: *Denken Sie daran, dass man zum Organisieren und Bewältigen von kurz- und langfristigen Hausaufgaben ein paar dieser »Steuerungsfunktionen im Gehirn« braucht, die zu den Fähigkeiten gehören, die beim Teenager zuletzt heranreifen. Wenn Sie das im Hinterkopf behalten, haben Sie vielleicht ein kleines bisschen mehr Mitgefühl für das, was Ihr Jugendlicher gerade durchmacht.*

Beaufsichtigen oder einmischen?

Viele Eltern fragen sich, wie weit sie sich in die Hausaufgaben einmischen sollen. Sollten Teenager die Herausforderungen der Schularbeiten selbst meistern, oder sollten die Eltern die Sitzungen jeden Tag überwachen? Der Mittelweg zwischen diesen beiden Extremen ist wohl am ehesten realistisch und praktikabel. Sich ganz aus der Sache rauszuhalten, das funktioniert nur in den seltenen Fällen, in denen Teenager hoch motiviert und selbstverantwortlich sind.

[1] Beobachten Sie Ihr Kind, falls es mit den Hausaufgaben kämpft: Es kann sie zwei oder drei Tage alleine erledigen, aber wenn Sie Probleme feststellen, sollten Sie eingreifen.

[2] Legen Sie einen Zeitraum fest – sagen wir, zwei Wochen –, in denen Sie seine Hausaufgaben engmaschig begleiten. Dann ziehen Sie sich zurück und sehen, ob Ihr Teenager gelernt hat, seine Arbeit zu strukturieren. Die meisten Kinder sind froh, wenn sie die Aufsicht durch die Eltern loswerden.

[3] Helfen Sie Ihrem Kind dabei, die Empfehlungen für die Hausaufgaben so gut wie möglich umzusetzen (siehe weiter oben).

[4] Zeigen Sie ihm, wie er Medien für seine Schularbeiten nutzen kann. Viele Schulen haben Plattformen, auf die die Lehrer die aktuellen Hausaufgaben hochladen. Sie können sich ebenfalls einloggen, um sicherzugehen, dass Ihr Kind sie vollständig erledigt. Zusätzlich stellen viele Schulen die Notenübersichten der Schüler passwortgeschützt online.

Es ist einfach nicht realistisch, dass ein Zwölfjähriger seine Hausaufgaben alleine schafft, aber je älter Ihr Kind wird, desto mehr sollten Sie sich zurücknehmen und ihm die Planung, Strukturierung und Erledigung der Aufgaben eigenständig überlassen.

Prüfungsangst:

Helfen Sie Ihrem Kind bei der Stressbewältigung

Ihre Tochter kommt nach Hause und hyperventiliert beinahe, wenn sie all die Prüfungen, Hausarbeiten, Partys, Schülergruppen, Sporttrainings und Abivorbereitungstests aufzählt, die sie fertigstellen oder an denen sie teilnehmen muss – ganz abgesehen davon, dass sie diese Woche unbedingt und auf jeden Fall Strähnchen in die Haare färben muss und mit diesem Gesicht auf keinen Fall in die Schule gehen kann. Ihnen kommt kurz der Gedanke, ihr eine Papiertüte vor das Gesicht zu halten, damit sie nicht in Ohnmacht fällt. Das ist zwar vermutlich keine vollausgewachsene Panikattacke, aber der ganz normale Anblick eines Teenagers, der sich überfordert fühlt.

Atmen ist alles

Stress und Angst sind häufige Begleiter in der Psyche von Teenagern. Jugendliche stellen hohe Erwartungen an sich selbst und wollen Gleichaltrige, Eltern und Lehrer beeindrucken. Manche Schüler stehen unter Notendruck, weil sie wissen, dass sie unbedingt gut abschneiden müssen, da sie sich die Uni nicht leisten können und ein Stipendium brauchen. Manche Eltern reden ständig davon, wie wichtig gute Noten sind. Andere Kinder empfinden den schulischen Druck besonders stark, weil sie unter Lernstörungen leiden, die noch nicht genau diagnostiziert wurden.

Hier sind ein paar Warnhinweise, die auf mehr deuten als auf eine Wald-und-Wiesen-Angst:

- ungewöhnliche Gereiztheit
- Isolation, Geheimniskrämerei
- körperliche Beschwerden: Kopf- oder Bauchschmerzen, Müdigkeit
- neue Ess- oder Schlafgewohnheiten
- Schule schwänzen
- exzessive Partys, regelmäßige Alkoholexzesse
- Störung des Familienlebens (Der Stress Ihres Teenagers beeinträchtigt alle Bereiche. Chaos und Spannungen nehmen nicht ab.)
- signifikante Verhaltensänderungen (Ihr bislang introvertiertes Kind gibt Widerworte, schlägt um sich und hat Gefühlsausbrüche. Oder umgekehrt: Ihr normalerweise offenes Kind zieht sich zurück und verschließt sich.)

Das können Sie dagegen tun:

- das Problem lösen: Kämpft Ihr Teenager in einem besonders schwierigen Fach, können Sie ihm helfen Lösungen zu entwickeln (Ideen dazu finden Sie weiter oben im Unterkapitel »Die Schule meistern«). Einen Plan zu haben, trägt viel dazu bei, Ängste zu reduzieren.

- Nutzen Sie die Kraft des positiven Denkens: Helfen Sie ihm, aus dem Schwarz-Weiß-Denken und der Negativspirale auszusteigen. Versichern Sie ihm, dass eine schlechte Note nicht das Ende der Welt bedeutet. Selbst wenn er nur einen Notendurchschnitt von 2,0 erreicht, obwohl er verzweifelt auf eine 1,5 hingearbeitet hat, erklären Sie ihm, dass er immer noch ein Fach studieren kann, das ihn glücklich macht.
- Ändern Sie Ihre Einstellung: Eltern können Probleme verursachen, wenn sie die Noten stärker bewerten als den Lernprozess und die Fähigkeiten, die dazugehören, um sich Wissen anzueignen. Lassen Sie zu, dass Ihr Kind selbst versucht, Lösungen zu finden. Das braucht Übung, und es kann eine Weile dauern, bis es die entsprechenden Fähigkeiten entwickelt. Aber wenn das geschafft ist, wird es sich auch in den Noten zeigen.
- »Erlauben« Sie Ihrem Sohn oder Ihrer Tochter, durch eine harte Zeit zu gehen: Wenn Sie »Wie konnte das passieren?« kreischen, ist das nicht der Tonfall, den man mit Akzeptanz assoziiert. Ihr Teenager fühlt sich nur noch schlechter. Je mehr Mitgefühl er erfährt, desto mehr wird er versuchen, sein Bestes zu geben. Durch Kritik internalisiert er lediglich negative Gefühle.
- Finden Sie einen Mentor für Ihr Kind: Es kann ihm helfen, wenn er sich mit einem älteren Cousin austauschen kann oder einen Erwachsenen hat, dem er vertraut und der ihm verständnisvoll zuhört.
- Sorgen Sie für Bewegung: Schicken Sie Ihren Sohn zum Joggen oder lassen Sie ihn ein paar Körbe werfen – es eignet sich jede Sportart, die so anstrengend ist, dass sie diese entspannenden, glücklich machenden Hormone, die man Endorphine nennt, freisetzt.
- Schicken Sie Ihre Tochter zu einer Therapie, bei der sie Luft ablassen kann: Nehmen Sie Kontakt mit dem Schulpsychologen oder einem Therapeuten auf, der Ihrem Kind helfen kann, seine Emotionen zu verstehen.

- Lachen macht es leichter: Sehen Sie sich gemeinsam Sitcoms oder Comedys an, die die Stimmung heben. Wie wäre es mit den *Simpsons* oder *How I met your mother*?
- Helfen durch Helfen: Ehrenamtliche Hilfe für Menschen, die sie benötigen – ob in einer Suppenküche oder beim Aufräumen eines brachliegenden Grundstücks – zeigt Ihrem Teenager, dass die Welt weitaus größer ist als seine aktuellen Probleme. Er merkt, dass er geschätzt wird, und das fühlt sich immer gut an.
- Lehren Sie ihn Methoden zur Stressbewältigung: Zeigen Sie ihm geführte Meditationen, Tiefenatmung oder Muskelentspannung. Diese Techniken helfen, egal, ob man den Mut aufbringen muss, nach einem Date für den Abschlussball zu fragen oder ob man über Hypothekenraten verhandelt. Haben Teenager erst einmal die Verbindung von Körper und Geist gelernt, können sie diese Fähigkeit ein Leben lang für sich nutzen.
- Sorgen Sie für eine gute gemeinsame Zeit. Erinnern Sie Ihren Jugendlichen daran, dass Schule und Noten Teil seines Lebens sind, aber nicht sein ganzes Leben ausmachen.

Mobber, fiese Kids und verletzte Gefühle

Nicht jedes Kind hat einen Erzfeind à la Lex Luthor in der Schule, aber für viele Eltern fühlt es sich so an. Da gibt es immer genau dieses eine unausstehliche Kind, von dem man sich wünscht, seine Familie würde ans andere Ende des Landes ziehen oder im Homeschooling bleiben – und das so schnell wie möglich. Aber leider ist es Teil des Erwachsenwerdens, dass man lernt, wie man mit gemeinen Kids umgeht und in einer nicht perfekten Welt lebt.

ACHTUNG, MOBBER!
MOBBING FÜHRT ZU:
1 Schlechten schulischen Leistungen
2 Ängsten und Depressionen oder selbstzerstörerischem Verhalten
3 Therapiebedarf, auch für den Mobber
6
1
2
3

Wie man Mobbing erkennt

Verächtliche Bemerkungen, impulsive Pöbeleien oder selbst hitzige Auseinandersetzungen sind kein Mobbing, auch wenn sie die Gefühle Ihres Kindes verletzen können. Eltern können ihre Kinder auf solche Situationen vorbereiten und ihnen hindurchhelfen. Mobbing ist gezielter und demütigender als eine einmalige Beleidigung. Bei Mobbing pickt eine Gruppe von Kids oder ihr Anführer, ein einzelnes schwächeres, wehrloses Kind heraus und schikaniert es immer und immer wieder – körperlich oder emotional.

Ein Kind, das mobbt, kämpft nicht darum, Differenzen zu klären um anschließend seiner Wege zu gehen, es will, dass das schwächere Kind leidet, damit es sich selbst mächtig fühlen kann.

Anders als Superman hat ein Teenager keine Superkräfte, mit denen er sich verteidigen kann. Wird er über einen längeren Zeitraum gemobbt, fängt der Jugendliche an zu glauben, dass er diese Übergriffe verdient.

Mobbing sollte man sehr ernst nehmen. Kinder, die schikaniert werden, können schlechte schulische Leistungen, Angst, Depression, selbstzerstörerisches Verhalten und Selbstmordgedanken entwickeln. Und oft benötigen die Täter selbst dringend eine Therapie.

Spotlight auf den Mobber

Viele Kinder, die gemobbt werden, schämen sich, ihren Eltern davon zu erzählen. Es ist ein großes Problem, wenn Teenager nicht über die Situation sprechen wollen oder sie hartnäckig verleugnen. Sie müssen etwas unternehmen, wenn Sie feststellen, dass Ihr Kind:

- immer gereizter wird.
- sich von Freunden und Familie zurückzieht.
- depressiv wirkt.

Es kann schwierig sein, das Verhalten eines Jugendlichen einzuschätzen, wenn Sie kaum mehr als Ihr Bauchgefühl haben. Versuchen Sie, mit ihm ins Gespräch zu kommen, und verwenden Sie dabei faktenbasierte Sätze als Einstieg: »Mir ist aufgefallen, dass du viel Zeit alleine in deinem Zimmer verbringst. Gibt es etwas, das dich beschäftigt?« Telefonieren Sie ein wenig herum und finden Sie heraus, was andere über die Situation Ihres Teenagers wissen.

Selbst wenn Ihr Kind Ihnen etwas erzählt, will es vielleicht ohne Ihre Hilfe mit der Situation klarkommen. Es hat möglicherweise Angst, dass es noch schlimmer wird, wenn sich Erwachsene einmischen. Es hofft, dass das Mobbing »von alleine« vorbeigeht, oder es fühlt sich so alleingelassen, dass es sich gar nicht vorstellen kann, dass ihm andere helfen könnten. Geben Sie Ihrem Jugendlichen die Chance, die Situation erst einmal ohne Eltern zu klären – mit dem Vorbehalt, dass Sie sich einmischen werden, wenn Sie den Eindruck haben, dass es nicht funktioniert. Sollte Ihr Kind aber körperlich verletzt werden, müssen Sie sofort einschreiten und dafür sorgen, dass ihm nichts mehr zustößt. Rangeleien können schnell eskalieren, wenn kein Erwachsener in der Nähe ist, der dazwischengeht. Und nein, Raufereien mit anderen Jungs »härten« nicht »ab«.

EXPERTENTIPP: *Ich ermutige Jugendliche, eigene Lösungen zu entwickeln. Aber wenn Sie einem Teenager ein Problem alleine überlassen, sollten Sie unbedingt einen Zeitpunkt vereinbaren, an dem Sie nachhaken: nach einer Stunde, einem Tag oder einer Woche. Und vergessen Sie nicht, wirklich nachzufragen. Damit zeigen Sie Ihrem Kind, dass Sie seine Bemühungen respektieren, aber auch, dass Sie sofort zur Stelle sind, wenn es Ihre Hilfe braucht.*

Die Schule einschalten

Direkten Kontakt zu den Eltern des Mobbers aufzunehmen, ist keine gute Idee. Die meisten Eltern stellen sich schützend vor ihr Kind. Wenn sie gerade gehört haben, dass der eigene Jugendliche andere Teenager drangsaliert haben soll, ist die Reaktion der wenigsten Eltern so, dass sie dazu beiträgt, den Konflikt zu beenden.

[1] Rufen Sie die Schulberatung, den Schulpsychologen oder andere Schulmitarbeiter an, die Erfahrung mit solchen Situationen haben und dafür ausgebildet sind. Ein engagierter Lehrer kann möglicherweise auch helfen.

[2] Arbeiten Sie mit der Schule zusammen, um gemeinsam mit Ihrem Kind einen Aktionsplan zu entwickeln. Kinder, die gemobbt werden, können

- sich dem Mobber widersetzen, indem sie sich in aufrechter Körperhaltung vor ihn stellen und ihn mit ruhiger Stimme auffordern aufzuhören. (Viele Mobber zählen darauf, dass sich ihr Opfer nicht wehrt und die Gaffenden nichts unternehmen.)
- Konfrontationen mit Witz und Humor entschärfen.
- weggehen und sich nicht auf eine Konfrontation einlassen.
- sich die Hilfe eines Freundes holen, der sie unterstützt und gemeinsam mit ihm das miese Verhalten des Mobbers lautstark verurteilen. (Zu zweit haben Kinder eine bessere Chance, die Situation zu ihren Gunsten zu entscheiden. Ein Freund kann Ihrem Kind nach einer unschönen Auseinandersetzung den Rücken stärken und den Glauben an sich selbst zurückgeben.)

Sie können in Rollenspielen verschiedene Reaktionsmöglichkeiten durchspielen, damit Ihr Kind bei einem Angriff des Täters nicht unvorbereitet ist und sich verunsichern lässt.

A: KONFRONTATION

B: HUMOR

C: ÜBERZAHL

AKTIONSPLAN UMSETZEN:

Es gibt verschiedene Methoden, mit Mobbing umzugehen.

D: AUS DEM WEG GEHEN

[3] Der Schulberater kann Ihrem Jugendlichen emotionale Unterstützung geben und sich die Situation genauer ansehen. Er kann ihm dabei helfen, sich in seiner Haut wohlzufühlen, so wie er ist. Selbst wenn an den Worten des Mobbers etwas Wahres wäre, wen kümmert es?

[4] Bauen Sie Ihrem Kind ein Nest der Unterstützung und zeigen Sie ihm, wie sehr es geschätzt und geliebt wird. Mit einem fürsorglichen Zuhause schützen Sie Ihren Teenager vor vielen Herausforderungen und Verwerfungen der Pubertät.

[5] Helfen Sie Ihrem Teenager Hobbys zu finden, die ihm Spaß machen, und ermutigen Sie ihn, dort Freundschaften zu schließen. Wenn Kinder sich in sozialen Situationen sicher fühlen, dann haben sie auch ein gutes Selbstwertgefühl. Das ist der beste Schutz vor Mobbing und anderen Schikanen.

EXPERTENTIPP: *Ich empfehle Eltern, in Sachen Mobbing wachsam zu sein. Mobbing durch Jungen äußert sich eher körperlich und offen. Es neigt dazu zu eskalieren. Die Quälereien von Mädchen sind eher emotional, hinterhältig und versteckt. Im letzteren Fall steht das »Alphamädchen« im Mittelpunkt eines sozialen Netzes und übt ihre Allmacht über die schwächeren Mädchen in der Gruppe aus.*

Was Experten sagen

Die folgenden grundsätzlichen Ratschläge helfen Ihnen, Mobbing unter Teenagern zu verstehen und zu schlichten:

- Direkte Streitschlichtung, bei der beide Seiten im selben Raum sitzen und ihre Version der Geschichte erzählen, funktioniert nicht. Es führt im Gegenteil häufig dazu, dass das Kind ein weiteres Mal vom Täter gedemütigt wird. Eltern sollten einem solchen Gespräch auf keinen Fall zustimmen.

- Sollte die Schule auf Ihren Versuch, einen Mobber zu stoppen, nicht aufgeschlossen reagieren oder ihn gar abtun, kann es notwendig sein, andere Eltern auf die Sache aufmerksam zu machen. Es liegt im Interesse aller Familien sicherzustellen, dass die Schule Mobbing nicht toleriert und Quälereien weder innerhalb noch außerhalb des Klassenzimmers geduldet werden.
- Die meisten Kinder gehören, wenn ein Kind schikaniert wird, zur Kategorie der Gaffer. Eltern müssen ihren Kindern beibringen, fieses Verhalten im Keim zu ersticken und nicht dabei zuzusehen. Sowohl Gaffer als auch Opfer müssen wissen, dass sie Erwachsene zu Hilfe holen können.
- Mobbing und die ganz normalen Dramen des Teenagerlebens treten häufiger in der frühen und mittleren Pubertät auf. In der späten Phase der Adoleszenz haben die Jugendlichen herausgefunden, wie sie Mobbing entgegentreten können. Die sozialen Hierarchien, die vorher so lebenswichtig waren, können sie jetzt einordnen. Aber auch die Art der Schikanen verändert sich. Waren es früher Beschimpfungen im Flur und Ignorieren in der Cafeteria, sind es später Klatsch und Tratsch, Ausschluss aus der Gruppe, beleidigende Textnachrichten und bösartige Posts in den sozialen Medien. Homeschooling, wir kommen!

Vom Umgang mit »Früchtchen« in der Fahrgemeinschaft

Da Sie jetzt wissen, was Sie bei ernsthaften Problemen mit Mobbing in der Schule tun müssen, ist es an der Zeit, sich mit den alltäglicheren – und vielleicht auch vergnüglicheren – Irritationen im Leben mit Kids zu beschäftigen. Mit einem Teenager gehören Sie über kurz oder lang zu einer Gruppe von Eltern, die Fahrgemeinschaften bilden. Und ebenso

unvermeidlich ist, dass Sie mit dem Kind einer anderen Familie fertigwerden müssen, das laut und unausstehlich ist. So können Sie auf die Situation reagieren:

- Stellen Sie Musik oder das Autoradio an.
- Kaufen Sie ein spannendes Hörbuch, das allen gefällt. Das reduziert den Lärmpegel, und jeder Mitfahrer kann etwas lernen.
- Bieten Sie im Auto etwas zum Frühstücken an, verteilen Sie Müsliriegel, Trinkpäckchen und so. Alles, was Kids »den Mund stopft«, damit sie beschäftigt sind und Ruhe geben.
- Redet ein Teenager gerne und teilt ungefragt seine Meinungen mit, stellen Sie ein paar gut gezielte Fragen, die ihm die Zunge lockern. Von ihm erfahren Sie all die Dinge, die Ihr eigenes Kind Ihnen nicht erzählt.
- Sollte das Verhalten nicht auszuhalten sein, informieren Sie seine Eltern, dass Sie für einen Monat in der Fahrgemeinschaft pausieren müssen – oder auch zwei.

Natürlich können Sie, wenn Sie alles richtig machen wollen:

- es Ihrem Kind überlassen, das schlechte Benehmen des Jugendlichen selbst zu klären, aber nutzen Sie es als einen »Lernmoment«.
- die Unterhaltung später mit Ihrem Teenager durchsprechen und analysieren.
- versuchen, den Standpunkt der anderen Kids zu verstehen und Gründe zu finden, warum sie die Dinge sagen, die sie gesagt haben.
- über Strategien sprechen, wie man nervige Unterhaltungen beendet.

Bereit oder nicht bereit:

Zeit, über die Uni nachzudenken

Es mag Ihnen verrückt vorkommen, schon über die Uni nachzudenken, wenn Ihre Tochter noch einen Sport-BH oder Ihr Sohn eine Zahnspange trägt, aber in der Ferne ist schon der leise Trommelschlag der weiterführenden Schulbildung zu hören. Ob sie Probetests für die Aufnahme an der Uni schreiben oder Campusgelände und Hochschulen in der Nähe besuchen, Jugendliche fangen immer früher an, den weiteren Ausbildungsweg sehr ernst zu nehmen.

- Abgesehen davon, sich für Tests und deren Vorbereitungskurse anzumelden, sollte Ihr Teenager über die Belegung seiner Fächer nachdenken. Er sollte Kurse wählen, die ihn auf die Bewerbung für das Studienfach vorbereiten, das ihn interessiert. Wenn das Herz Ihrer Tochter daran hängt, Wirtschaft zu studieren, sollte sie fortgeschrittene Mathematik wählen. Wenn Ihr Sohn wild entschlossen ist, Grafikdesigner zu werden, sollte er vielleicht einen Wahlkurs in Bildender Kunst belegen, um eine eindrucksvolle Arbeitsmappe zu erstellen. Wenn man eine einzigartige Begabung oder Erfahrung vorweisen kann, ist das eine weitere Möglichkeit, um als Student aus der Menge der Studienbewerber herauszustechen. (Spielt jemand Glockenspiel?)
- Ermuntern Sie Ihr Kind, darüber nachzudenken, wo es sich selbst sieht. Helfen Sie ihm, das Umfeld herauszufinden, das es am meisten reizt. Stadt, Vorort oder Land? In der Nähe oder weit entfernt? Klein oder riesig? Unkonventionell, praktisch oder gewerblich orientiert?
- Helfen Sie ihm die Universitäten oder Fachhochschulen zu finden, die für das Fachgebiet bekannt sind, das Ihr Kind studieren will.
- Vereinbaren Sie einen Termin mit einer Studienberatung, die ihm hilft, sich an den Hochschulen zu bewerben, die es am meisten interessieren.

- Geben Sie ihm eine realistische Einschätzung. Verwenden Sie vor allem nicht den Begriff »Traumuniversität« in seiner Hörweite. Es gibt nicht nur die eine perfekte Uni für jedes Kind, aber wenn Sie zulassen, dass sich Ihr Kind auf den »heiligen Gral« fixiert, kann das mit großem Kummer enden.

EXPERTENTIPP: *Eltern können versucht sein, das Kommando für den Bewerbungsprozess zu übernehmen, weil sie wissen, dass er gespickt von Fristen, Gebühren und Vorbereitungen ist. Aber Ihr Kind sollte am Steuerrad dieses Schiffes stehen. Kaufen Sie ihm einen Kalender und helfen Sie ihm, alle Termine und Fristen einzutragen: Tests, Empfehlungsschreiben der Lehrer, Zeugnisse, Bewerbungsschreiben, Interviews. Wenn es an ein paar Hochschulen angenommen wurde, können Sie den finanziellen Rahmen festlegen, aber die Wahl der Schule sollte letztlich von Ihrem Jugendlichen getroffen werden.*

Welcher Campus wird es?

Der Campusbesuch hat einen großen Einfluss auf die Uni-Entscheidung Ihres Teenagers. Trotzdem haben die Gründe, warum eine Schule plötzlich »vom Tisch« ist oder auf Platz eins der Hitliste steigt, oft wenig mit Vernunft zu tun.

Es kann Eltern zur Verzweiflung bringen, wenn Jugendliche anfangen, sich wie Feng-Shui-Experten aufzuführen und wegen Nebensächlichkeiten den Daumen heben oder senken – wie dem Grundriss des Campus, einem doofen Tour-Guide, zu vielen oder zu wenigen Bäumen auf dem Gelände. Oder wenn sie eine Hochschule ablehnen, weil die Studierenden voll die Emos oder Gangstas oder Hipster oder Nerds waren. Schlechtes Wetter oder die Erschöpfung, weil er in zu kurzer Zeit zu viele Unis besichtigt hat, all das kann die Beurteilung des Jugendlichen beeinflussen.

WAS SIE BEIM CAMPUSBESUCH MIT IHREM TEENAGER BEACHTEN SOLLTEN:

1. Erinnern Sie Ihren Teen daran, dass schlechtes Wetter kein Grund dafür ist, eine Uni nicht in Erwägung zu ziehen.
2. Lassen Sie ihn ein Besuchstagebuch für jede Uni führen.
3. Schwelgen Sie nicht in Erinnerungen, wenn Sie Ihre Alma Mater besuchen.
4. Jüngere Geschwister, die sich langweilen, können den Besuch ruinieren.

EINMALEINS DER UNI-AUSWAHL:
Picking a college can be just as hard as graduating from one.

- Besichtigen Sie mit Ihrem Kind idealerweise nur eine Hochschule pro Tag. Zwei sind machbar, aber noch mehr Besichtigungen bringen normalerweise nichts.
- Lassen Sie jüngere Geschwister zu Hause. Meist fangen sie an, sich zu langweilen und lenken Sie von dieser einmaligen Zeit mit Ihrem älteren Kind ab.
- Sollten Sie den Eindruck haben, das die Einschätzung Ihres Kindes ungerechtfertigt ist, erinnern Sie es daran, dass ein trüber Tag oder ein aufgeblasener Tour-Guide nicht der einzige Grund sein sollte, um eine ganze Institution zu verdammen. Sehen Sie sich noch einmal gemeinsam den Lehrplan an und erinnern Sie Ihren Teenager daran, dass nicht die Landschaft den Ausschlag für die Wahl einer Hochschule geben sollte.
- Hat Ihr Teenager vor der Besichtigung noch geglaubt, dass diese Uni am besten zu ihm passt, können Sie den Besuch zu einem anderen Zeitpunkt wiederholen. Sie können auch einen Termin mit einem Professor vereinbaren, der das Fachgebiet unterrichtet, das Ihr Kind studieren will.
- Lassen Sie Ihre Tochter oder Ihren Sohn sofort nach dem Besuch alle Eindrücke in einem Heft notieren. Es verhindert, dass am Ende alle Erinnerungen ineinander verschwimmen. Das wird ihnen, wieder zu Hause, bei der Entscheidung helfen, welchen Weg sie weiterverfolgen wollen.

Letzten Endes müssen Sie aber das Bauchgefühl Ihres Teenagers respektieren. Viele Ihrer eigenen wichtigen Entscheidungen – mit wem Sie sich verabredet haben, welche Uni Sie sich ausgesucht haben, welches Haus Sie gekauft haben – basierten damals zweifellos auf Ihrer Intuition. Sie sollten sich darüber im Klaren sein, dass Sie noch immer einen großen Einfluss auf Ihr Kind haben – versuchen Sie also nicht, es mit Ihren eigenen Eindrücken zu beeinflussen oder umzustimmen.

- Beißen Sie sich bei der Heimfahrt auf die Zunge und lassen Sie Ihr Kind erzählen. Das ist ganz besonders wichtig, wenn Sie Ihre eigene Alma Mater oder die Ihres Ehepartners besucht haben.
- Verzichten Sie darauf, in alten Erinnerungen zu schwelgen, das »Kampflied« zu singen – und alle anderen Anwandlungen von Nostalgie. Wenn Ihr Kind diese Uni nicht ausstehen kann, bringen Sie es in eine ungute Lage. Es hat das Gefühl, Ihnen eine Absage zu erteilen, auch wenn es eigentlich der Hochschule eine Absage erteilt.
- Setzen Sie Unis mit familiären Verbindungen als Letztes auf die Liste der Besichtigungen, damit Ihr Teenager neue Hochschulen offen kennenlernen kann.

[Kapitel 4]

Soziale Studien:

Das Umfeld Ihres Teenagers

Beliebt, akzeptiert zu sein und einem »Rudel« zugehörig zu sein – das ist für Teenager äußerst wichtig. Jugendliche sind sich nur allzu sehr bewusst, welche sozialen Folgen alles haben kann, was sie vor ihren Gleichaltrigen tun, sei es, sich im Unterricht zu melden oder in der Cafeteria neben dem populärsten Mädchen der Schule zu sitzen. In den Teenagerjahren ist Freundschaft gleichbedeutend mit Zugehörigkeit, Selbstwertgefühl und Selbstbestimmung.

Ihr Kind arbeitet daran, bewusst oder unbewusst, seinen Rang in der inoffiziellen sozialen »Hackordnung« der Schule zu finden und zu behalten. Es mag Sie erstaunen, wie viel Energie es darauf verwendet, Freundschaften zu schließen und zu pflegen, aber der einfachste Weg, sich eine eigene Identität zu schaffen und von den Eltern abzugrenzen, ist, sich der selbstgewählten Gruppe anzuschließen.

Sie sind nicht länger das Zentrum im Universum Ihres Kindes

Beinahe-Teens von elf bis dreizehn Jahren verlassen sich noch auf die Geborgenheit bei ihren Eltern, selbst wenn sie sich mehr und mehr auf die komplexe soziale Welt einlassen. Als richtige Teenager fangen sie aber an, ihr emotionales Leben ihren Freunden zu widmen. Diese übernehmen jetzt die Rolle, die bislang die Eltern hatten. Nun sind es die Freunde, bei denen sich Ihr Teen sicher fühlt. Ja, es mag sich als Elternteil blöd anfühlen, in die Ersatzmannschaft verbannt zu werden, aber in Wirklichkeit zeigt es einen gesunden und natürlichen Fortschritt, was die sozialen Beziehungen Ihres Kindes angeht. (Die positive Seite davon, dass Sie sich bei Ihrem Teenager immer überflüssiger fühlen, ist,

dass Sie eine neuerwachte Intimität mit Ihrem Partner erfahren können, da sich die Welt für Sie beide nun weniger um Ihr Kind dreht.)

- In der Spätphase der Pubertät wird Ihr Teenager sich wieder von größeren Gruppen lösen. Er wird einzelne engere Beziehungen eingehen, entweder durch Dating oder indem er aus seinem Rudel ein paar gute Freunde auswählt.
- Während er die Teenagerjahre durchläuft, entwickelt er ein Selbstbild, das stark genug ist, um als Individuum Erfolg zu haben – ohne sich bei der Definition dessen, was ihn ausmacht, ausschließlich auf Eltern oder Freunde verlassen zu müssen.

Tatsächlich hilft die ganze Energie, die Teenager in die Pflege von Freundschaften und Beziehungen stecken, ihnen dabei, sich selbst zu entdecken und reifer zu werden, selbst wenn es den Eltern Dauerkopfschmerzen bereitet.

Abnabelungssyndrom

Eltern-Edition

Wenn Ihr Teenager in der mittleren Pubertät seine Unabhängigkeit von der Familie erklärt, werden Sie weniger von Ihrem Kind wissen als je zuvor. Zur emotionalen Distanz kommt eine physische. Ihr Sohn will nicht mehr mit Ihnen gesehen werden, wenn es sich irgendwie vermeiden lässt, vor allem dann, wenn seine Freunde in der Nähe sind. Es ist schwer, vor den Freunden cool zu wirken, wenn die Mutter an der Bushaltestelle auf einem Abschiedskuss besteht. Eltern sollten dieses wachsende Bedürfnis nach räumlicher Distanz so weit wie möglich respektieren. Stellen Sie sich darauf ein:

- dass Sie immer weniger in das Leben Ihres Teenagers involviert sein werden.
- dass er Geheimnisse vor Ihnen hat und seine Gefühle und Ansichten lieber mit seinen Freunden diskutiert als mit den guten alten Eltern.
- dass seine natürliche Neigung darin besteht, seine Gedanken möglichst für sich zu behalten, da die Eltern ihn ja sowieso nicht verstehen.

Meistens schätzen Jugendliche ihr soziales Umfeld richtig ein. Sie hingegen haben nicht die 1001 Momente sozialer Interaktion in der Schule mitgekriegt, um das soziale Umfeld Ihres Kindes richtig zu verstehen. Aber selbst wenn Sie keine Ahnung haben, können Sie Ihr Kind immer noch daran erinnern, dass Sie ihm jederzeit zuhören und da sind. Eltern, die eine gute Resonanzfläche für ihre Kinder anbieten, sind besonders wichtig, wenn die Freunde im Leben ihrer Kinder schnell auf der Bildfläche erscheinen und ebenso schnell wieder verschwinden.

[1] Während Ihr Kind versucht herauszufinden, wohin es gehört, hängt es vielleicht erst mal mit der einen Gruppe ab, schließt sich dann einer anderen an oder wird kurzerhand aus einer Clique hinausgeworfen. Die intensiven Gefühle, die in diesem Chaos entstehen können, brauchen ein sicheres Ventil bei verständnisvollen Eltern.

[2] Bleiben Sie mit Ihrem Kind in Verbindung. Machen Sie Ihr Zuhause zum Treffpunkt für die Freunde Ihres Teenagers. Wenn sie bei Ihnen abhängen, bekommen Sie ein besseres Gefühl für das Leben Ihres Kindes. Ein gut gefüllter Kühlschrank und eine volle Snackschublade helfen dabei, hungrige Teenager nach Hause zu locken. (Die meisten können einem steten Nachschub an Chips kaum widerstehen.)

[3] Bieten Sie Chauffeurdienste zu sozialen Events an – zu Schulfesten, zum Sporttraining etc. Auf dem Fahrersitz bekommen Sie mit, was die Jugendlichen gerade beschäftigt und worüber sie aktuell lästern.

EXPERTENTIPP: *Verkneifen Sie sich Kommentare, Vorschläge oder Kritik, wenn Sie Gespräche »belauschen«. Sie bekommen weitaus bessere Einblicke in das Leben Ihres Teenagers, wenn Sie einfach nur zuhören. Damit sind Sie besser darauf vorbereitet, ihm zu helfen, wenn er Sie um Hilfe bittet.*

Die Wahrheit über Cliquen

Schon seit jenen Tagen, als Sie mit Ihrem Baby oder Kleinkind all diese Eltern-Kind-Gruppen besucht haben, war Ihr Nachwuchs Teil von Cliquen. Der Unterschied zwischen den Jahren vor und während der Pubertät ist, dass Mütter und Väter jetzt nicht mehr über die Verabredungen ihrer Kinder entscheiden. Ihr Teenager hängt nicht mehr mit anderen Teenagern rum, nur weil Sie mit deren Müttern befreundet sind. Er sucht sich seine sozialen Kontakte selbst aus und verändert sie nach eigenem Gutdünken. Faktoren wie Vertrautheit, geografische Nähe oder ähnliche Interessen spielen bei der Auswahl bestimmt eine Rolle. Aber einfach nur weil zwei Mädchen in derselben Sportmannschaft sind und in derselben Straße wohnen, heißt das noch lange nicht, dass sie sich sympathisch finden.

Ausstrahlung, soziale Fähigkeiten, soziale Reife, Selbstvertrauen, Humor, Cleverness, Geld, Aussehen, Familienstatus und sportliche Fähigkeiten – all das kann eine Rolle in der sozialen Hackordnung spielen. Das Beste, worauf Sie hoffen können, ist, dass Sie Ihrem Kind genügend Werte mitgegeben haben, dass es sich seine engen Freunde aus den richtigen Motiven heraus aussucht.

BEI DEN »COOLEN« SITZEN: Für Teens ist es wichtig, zur richtigen Clique zu geh

nnerlichte Werte helfen Ihrem Kind, enge Freunde aus den richtigen Motiven zu wählen.

Mit der Menge mitlaufen

Cliquen sind nicht verkehrt. Freunde bedeuten Unterstützung, Spaß, intellektuelle und soziale Anstöße und einen Ort, der es erlaubt, ohne die Angst vor Zurückweisung oder Demütigung das wachsende Selbstbewusstsein zu bestätigen.

Aber manche Kinder sind anfälliger für soziale Intrigen, die in den frühen Teenagerjahren ausarten können. Klatsch und Tratsch, Beleidigungen, Gerüchte, die in die Welt gesetzt werden, oder der Ausschluss aus der Gruppe sind nur ein paar der unerfreulichen Aspekte des Cliquendaseins. In einem solchen Umfeld können einsame oder schüchterne Jugendliche unter Druck geraten, Alkohol zu trinken, Drogen auszuprobieren oder zu rauchen, nur um dazuzugehören und nicht gemieden zu werden.

- Wenn sich Ihr Kind Ihnen anvertraut, weil es Ärger mit seinen Freunden hat, sollten Sie zunächst einfach nur zuhören und seine Gefühle anerkennen.
- Am häufigsten beschweren sich Teenager darüber, dass sich ihre Mütter und Väter einmischen. Tappen Sie nicht in diese Falle. Ihr Kind will einfach nur etwas loswerden. Eine Sofortlösung aus der Tasche zu zaubern, ist kein Pflaster für seine verletzten Gefühle.
- Hören Sie seiner Geschichte zu, egal, wie oft es sie erzählt. Bis die emotionale Verletzung heilt, dauert es ein bisschen, aber wenigstens weiß Ihr Kind jetzt, dass es Eltern hat, die es unterstützen und seine Gefühle respektieren.
- Zu lernen, wie man mit verletzten Gefühlen umgeht, führt zu Resilienz. Es mag für Eltern hart sein, untätig daneben zu stehen, aber langfristig muss Ihr Kind diesen Prozess bewältigen, damit es erwachsen werden kann.
- Wenn etwas Zeit vergangen ist und Ihr Teenager das erste Gefühlschaos hinter sich hat, können Sie ihm dabei helfen, einen Weg zu finden, wie er mit der Situation umgehen kann.

__EXPERTENTIPP:__ Bevor Sie Ihrem Teenager einen Rat geben oder einen Kommentar loslassen, fragen Sie ihn explizit, ob er das überhaupt möchte. Damit zeigen Sie Ihren Respekt und Ihr Vertrauen, dass er sein Problem alleine lösen kann. Wenn er ihn ablehnt, antworten Sie einfach mit: »Ich bin immer für dich da, wenn du meine Hilfe möchtest.«

Fiese Mädchen, schweigsame Jungen

Geschlechterstereotypen

Mädchen sagt man nach, dass sie sich im Allgemeinen mehr zu Cliquen hingezogen fühlen. Sie sammeln Freundinnen, wollen dort sein, wo sich das soziale Leben abspielt, und neigen dazu, andere auszuschließen, wenn es um den Erhalt ihres eigenen Status innerhalb der Gruppe geht.

Jungen sagt man nach, dass sie im Allgemeinen eher damit zufrieden sind, ein paar gute Freunde zu haben und sich nicht allzu große Gedanken über ihren sozialen Status zu machen. Wenn Jungen Streit haben, klären sie ihn und machen weiter – oder klären ihn nicht und machen weiter. Der Unterschied zwischen den Geschlechtern besteht vielleicht darin, dass Jungen einfach die schlechteren verbalen Fähigkeiten besitzen oder dass die Gesellschaft von ihnen erwartet, ihre Gefühle weniger offen zu zeigen.

In den frühen Teenagerjahren neigen Jungen dazu, viel Energie in rivalisierendes Imponiergehabe zu stecken. Frotzelei, derbe Beschimpfungen und körperliche Aggression sind alltäglich. Wenn sie älter werden, wachsen sie aus diesen Rangeleien normalerweise heraus.

Egal, ob Sie ein Mädchen oder einen Jungen haben, bestärken Sie Ihr Kind darin, Freundschaften mit Teenagern zu pflegen, die aus unterschiedlichen sozialen Gruppen stammen oder die sie von verschiedenen Hobbys kennen. Hat Ihr Kind unterschiedliche Freundeskreise,

kann es sich, wenn es Ärger gibt, einer anderen Clique anschließen und muss keine Angst haben, geächtet oder isoliert zu werden.

Schlecht durch und durch?

Teenagerjahre sind eine Zeit der Experimente. Also keine Panik, wenn Ihr Kind gerade mit einer Gruppe abhängt, bei der Ihnen nicht wohl ist. Das ist wahrscheinlich nur vorübergehend. Teenager schließen verschiedene Bündnisse, während sie verschiedene Rollen ausprobieren. Und selbst wenn ein Jugendlicher seine Zeit mit unpassenden Freunden verbringt, heißt das nicht, dass er deren Verhalten übernimmt (zumindest nicht langfristig).

[1] Denken Sie gut nach, bevor Sie Schlüsse über die »falschen« Freunde Ihres Teenagers ziehen. Die Kids mit Tattoos und Piercings können Ihr Kind unterstützen, während die äußerlich braven, gut gekleideten Kids es in eine gefährliche Situation bringen können. Die beste Daumenregel lautet: Schauen Sie auf ihre Handlungen und ihr Verhalten, nicht auf Äußerlichkeiten.

[2] Halten Sie sich immer zurück, die Wahl der Freunde Ihres Kindes in Frage zu stellen. Wenn Sie zu offen Lobbyarbeit betreiben, wird das mit Sicherheit den gegenteiligen Effekt haben und Ihren Teenager noch stärker zu dem Freundeskreis treiben, der Ihnen nicht passt.

[3] Akzeptieren Sie, dass nicht länger Sie den größten Teil des sozialen Lebens Ihres Kindes organisieren. Alles, was Sie tun können, ist das Thema so zur Sprache zu bringen, dass Ihr Kind über die Vor- und Nachteile einer bestimmten Clique nachdenkt.

[4] Bitten Sie Ihren Teenager, Ihnen zu erklären, was er an diesen Freunden mag. Sie werden beide danach besser verstehen, welche Motive hinter dieser Wahl stehen.

[5] Bestärken Sie Ihr Kind darin, dass es eine Wahl hat. Sie können versuchen, Rahmenbedingungen zu schaffen, Tipps zu geben und Aktivitäten vorzuschlagen, die Ihren Jugendlichen von selbst weg von der »falschen Clique« steuern, aber letzten Endes wird er einen Weg finden, das zu tun, was er tun will. Das Beste, was Sie machen können – und damit sollten Sie weit vor der Pubertät anfangen –, ist eine Umgebung zu schaffen, in der eine offene und ehrliche Kommunikation möglich ist.

[6] Machen Sie sich klar, dass Sie beide dasselbe Ziel haben: die Unabhängigkeit Ihres Kindes. Es wird Ihnen aber leichterfallen zuzusehen, wie es unabhängig wird, wenn Sie sehen, dass es gute Entscheidungen und Einschätzungen trifft und zu Ihnen kommt, wenn es jemanden braucht, um eine Angelegenheit zu besprechen.

***EXPERTENTIPP:** Wie reagieren Sie, wenn Ihr Teenager ein Tattoo oder Piercing will? (1) Warten Sie einen Tag und denken Sie darüber nach. (2) Versuchen Sie herauszufinden, warum er das will, wie ernst es ihm damit ist, wie er es machen lassen will und ob er die Risiken kennt. (3) Warten Sie einen Tag und überlegen Sie, was Sie antworten. Sprechen Sie mit Ihrem Partner, Ihrem Kinderarzt und anderen Eltern. (4) Sollten Sie zustimmen, suchen Sie das sicherste Studio, in dem man das Tattoo oder Piercing machen lassen kann. (5) Widerstehen Sie der Versuchung mit »Ich habe es dir ja gleich gesagt« zu reagieren, wenn sich das Piercing entzündet oder Ihr Kind sich wünscht, es hätte das Tattoo nie stechen lassen. Aus medizinischer Perspektive rate ich von Tätowierungen ab – wegen ihrer Dauerhaftigkeit und des Infektionsrisikos, weil viele es später im Leben bereuen und die Entfernung teuer ist. Ich versuche, mit den Teenagern Alternativen zu finden* *(z.B. Haare färben, Henna-Tattoos etc.), mit denen sie das erreichen können, was ihr eigentliches Ziel ist. Das Risiko bei Piercings ist etwas geringer, aber es besteht immer noch die Gefahr von Infektion und Narbenbildung.*

Tech Talk:

Wie Ihr Kind im Cyberspace sicher ist

In einer Zeit, in der sich Technologien schnell entwickeln, haben Sie als Eltern eines Teenagers definitiv einen Nachteil. Sie sind nicht mit den Versuchungen und Gefahren des Cyberspace groß geworden, daher können Sie nur mutmaßen, was für Ihr Kind gefährlich werden könnte. Anonyme Spaßanrufe am Telefon beim angesagten Mädchen oder Jungen der Klasse und auflegen, ohne etwas zu sagen, waren zu Ihrer Zeit die Höhepunkte technischer Indiskretion. Heutzutage sind Pornografie, Pädophilie, Cybermobbing und die Verbreitung falscher Gerüchte nur einen Mausklick entfernt.

Sie lösen das Problem nicht, wenn Sie Ihrem Kind zu Hause die Benutzung des Computers verbieten. Teenager können Computer in der Schule, bei Freunden, in Cafés nutzen und über Smartphones im Internet surfen.

Es gibt viele Faktoren, die zusammenwirken und die Anfälligkeit des Teenagers für den Missbrauch oder eine Abhängigkeit von den glänzenden technischen Spielzeugen verstärken:

- Impulsivität
- mangelnde Reife
- geringes Verständnis für Konsequenzen
- sexuelle Neugier gepaart mit Unsicherheit

WWW.EXTREMEVORSICHT.COM: Lehren Sie Ihr Kind Online-Sicherheit.
Ihr Kind muss wissen, dass jede private Kommunikation im Internet leicht öffentlich werden kann.
EMILY ♥ RYAN
EMILY ♥ RYAN
EMILY ♥ RYAN
Handynutzung am Steuer ist gefährlich und strafbar.
WARNUNG: Pädophile geben sich im Internet als Teenager aus, um einen Kontakt herzustellen.
?

Erinnern Sie sich daran, dass der präfrontale Cortex, der Sitz von Vernunft und Urteilsfähigkeit, sich erst im letzten Stadium der Pubertät entwickelt. Das macht Ihr Kind besonders empfänglich für die verlockenden Bilder und anderen Versuchungen im Internet. Es ist Zeit, dass wir offen darüber reden.

Vorbeugung ist die beste Medizin

Höchstwahrscheinlich ist es nicht das erste Mal, dass Sie bei Ihrem Kind Grenzen bei der Mediennutzung setzen müssen. Welche Filme darf es sehen? Für welche Fernsehshows ist es schon alt genug? Aber beim Internet sind die Risiken, dass Ihr Teenager Schaden nimmt, noch größer.

[1] Sprechen Sie offen mit Ihrem Kind über die Zeit, die es online verbringt.

[2] Stellen Sie ein paar gut durchdachte Regeln für die Computer- und Handynutzung auf, z. B.: Handys dürfen niemals am Steuer benutzt werden. Passen Sie auf, dass es nicht seine gesamte Freizeit vor dem Bildschirm verbringt.

[3] Machen Sie ihm klar, dass Online-Kommunikation nicht privat ist (weder Textnachrichten, E-Mails oder Unterhaltungen in Chatrooms noch Kommentare in sozialen Medien oder Posts auf Blogs und in Online-Medien). Alles kann sehr schnell öffentlich gemacht werden:

- Die E-Mail an die beste Freundin, mit all den Gründen, warum der Mathelehrer so bescheuert ist, kann an den Mathelehrer weitergeleitet werden.
- Schlüpfrige Fotos, die man an seinen Freund schickt (»Sexting«), können

an die ganze Schule weitergehen. »Sexting« ist nicht harmlos. Die Täter können wegen Pornografie strafrechtlich belangt werden.

- Posts über den Bier- und Haschischkonsum bei der letzten Party können auch von Lehrern und Eltern gelesen werden.

[4] Die wichtigste Regel, die Ihr Teenager verinnerlichen sollte, lautet: Frage dich vor dem Klick auf den Sendebutton: »Wie wäre es, wenn meine Großmutter, mein Lieblingslehrer, meine Eltern, mein Direktor etc. das lesen würden?« Ihr Kind soll sich vorstellen, dass der Post in den sozialen Medien oder der Blogeintrag wie eine Nachricht ist, die auf einer Reklametafel an der Hauptstraße steht. Jeder kann sie lesen.

EXPERTENTIPP: *Sie mag es erschrecken, wenn sich Ihr Teenager nicht dafür schämt, sein fragwürdiges Verhalten über das Internet zu verbreiten. Und es kann sogar sein, dass er in einem offenen Gespräch zugibt, dass er es cool findet. Versuchen Sie, ein paar Regeln aufzustellen, damit er die Konsequenzen versteht. Sie müssen sich ja nicht wie ein Staatsanwalt bei der Anklage benehmen. Zeigen Sie einfach, dass es Ihnen wirklich ein Anliegen ist, seinen Standpunkt zu verstehen, und dass Sie darauf vertrauen, dass er selbst herausfindet, was am besten ist.*

Vertrauen, aber gegenchecken

Erwachsene wissen, dass die Informationen im Internet oft nicht zuverlässig sind. Es ist wichtig, dass Ihr Teenager ein gesundes Misstrauen gegenüber allem entwickelt, was er online liest und mit wem er im Netz in Kontakt kommt.

- Stellen Sie sicher, dass er alle Online-Informationen überprüft – und nochmal überprüft.

- Sprechen Sie mit ihm über das, was er beim Surfen im Netz sieht und liest.
- Er muss sich auf jeden Fall darüber bewusst sein, dass sich Menschen online für eine Person ausgeben können, die sie gar nicht sind. Erwachsene können Teenager-Identitäten schaffen, und Kids können in die Rolle von Klassenkameraden – oder sogar Lehrern – schlüpfen.

Pädophile auf der Lauer

Die Anonymität im Netz leistet Vorschub für Betrug, und es ist eine erschreckende Tatsache: Pädophile verbergen sich in den Chatrooms, die von Teenagern besucht werden. Um sicherzugehen, dass Ihr Teenager ihnen nicht zum Opfer fällt, sollten Sie:

[1] klare Regeln für die Zeit und Nutzung von Chatrooms aufstellen.

[2] sicherstellen, dass Ihr Kind genau weiß, dass es online keinerlei private Informationen an andere Personen preisgeben darf (keine Passwörter, Namen oder Adressen, keine Informationen über Schule und Alter, keine Kontaktdaten o. ä.).

[3] sich vergewissern, dass Ihr Kind Ihnen auf jeden Fall erzählt, wenn jemand versucht, sich mit ihm im realen Leben zu verabreden.

[4] darauf achten, dass Sie die verdächtige Kommunikation abspeichern, damit Sie diese im Fall der Fälle vor Gericht als Beweis vorlegen können.

[5] ihr Kind unbedingt unterstützen, falls es nach dem Besuch einer verbotenen Seite Schwierigkeiten bekommt. Heben Sie hervor, dass es sich getraut hat, seinen Fehler zuzugeben und Hilfe zu holen, anstatt ihm Vor-

würfe zu machen. Betonen Sie das, was Ihr Teenager richtig gemacht hat, wie bei einem Hund, den Sie dafür loben, dass er wieder nach Hause gekommen ist, nachdem er durch die Haustür ausgebüxt war.

EXPERTENTIPP: *Achtung! Ein Cybermobber kann persönliche Informationen dazu verwenden, sich als Ihr Teenager auszugeben und Chaos zu stiften, indem er ihn auf anstößigen Websites anmeldet, Viren verschickt oder belastende Fotos postet. Ihr Kind muss wissen, dass es auf keinen Fall selbst versuchen sollte, gegen den Cybermobber vorzugehen. Sobald Sie erfahren haben, was passiert ist, sollten Sie einen ITler kontaktieren, damit er anstößige Posts, Fotos oder andere Inhalte entfernt. Sollten die Vergehen eine Grenze überschreiten, müssen Sie die Polizei einschalten.*

Internetregeln

Noch einmal: Sie können nicht alles kontrollieren, was Ihr Kind online sieht oder hört, aber Sie können ein paar klare Regeln aufstellen und ein paar grundlegende Methoden anwenden, um die Nutzung zu Hause zu beobachten.

[1] Setzen Sie klare Grenzen bei der Nutzung von sozialen Medien und der Auswahl der Internetseiten, die Ihr Teenager besuchen darf.

[2] Installieren Sie eine Software, die Internetseiten blockiert und filtert, damit Ihr Teenager nicht auf unappetitliche Websites, Fotos oder Informationen stößt. Ja, er kann immer noch einen Weg finden, die Regeln zu umgehen, indem er auswärts einen Computer benutzt, aber Sie reduzieren damit die Versuchungen.

[3] Nutzen Sie die Kontrolleinstellungen, die Ihr Provider für Eltern anbietet.

[4] Stellen Sie alle Computer an einen zentralen Platz, wie die Küche oder das Wohnzimmer, an dem Sie die Privatsphäre Ihres Kindes aber nicht verletzen, wenn Sie daran vorbeigehen oder sich einen Stuhl heranziehen.

***EXPERTENTIPP:** Manche Eltern installieren Überwachungssoftware auf dem Familiencomputer. Sie sollten sich darüber im Klaren sein, dass das ein ebenso gravierender Eingriff in die Privatsphäre ist, wie Ihrem Teenager nachzuspionieren. Sie sollten Ihrem Kind sagen, dass die Familiengeräte gesichert sind und dass Sie gelegentlich die Nutzung überprüfen. Wenn Sie Ihrem Kind Vertrauen und Ehrlichkeit vermitteln wollen, müssen Sie das selbst mit absoluter Offenheit vorleben.*

Ein Tipp, um Facebook & Co. sicherer zu machen: Stellen Sie die Privatsphäreneinstellungen so restriktiv wie möglich ein. Wählen Sie die Einstellung, bei der Sie die Freundschaftsanfragen aller Personen, die Zugang zu den Profilen Ihrer Familienmitglieder erhalten sollen, aktiv freigeben müssen.

Von Bienchen und Blümchen:

Zeit für »das Gespräch«

Erinnern Sie sich daran, wie es war, als Sie selbst das erste Mal von Sex gehört haben? Wahrscheinlich schütteln Sie sich beim Gedanken daran, wie Ihre Eltern Ihnen peinlich berührt die Fakten über Geschlechtsverkehr erklärt haben. Es mag total unangenehm gewesen sein, das von Ihrer Mutter oder Ihrem Vater zu hören, aber es war wahrscheinlich doppelt so gruselig, weil sich Ihre Eltern den falschen Zeitpunkt für die Aufklärung ausgesucht haben. Das hatten Sie schon längst alles von den Kids auf der Straße aufgeschnappt.

Und darin liegt der Schlüssel für das Gespräch über Bienchen und Blümchen. Sie müssen bereits in den Jahren vor der Pubertät mit vielen kleinen Unterhaltungen beginnen, mit Informationen, die immer angemessen für das jeweilige Alter und die Entwicklung sind. Wenn Ihr Kind dann ins Teenageralter kommt, wird es mit den wichtigsten Fragen rund um die Sexualität vertraut sein. Wenn Sie das Thema immer wieder aufgreifen, geben Sie ihm die Gelegenheit, Ihnen Fragen zu stellen und Theorien auszutesten, während es seine eigenen Erfahrungen macht.

Mein Körper, mein Selbst

Wenn Sie im Vorschulalter eine vernünftige Basis legen, hilft das Ihrem Teenager später, einen besseren Sinn für die Selbstkontrolle und das eigene Ich zu entwickeln. In den Gesprächen dieser frühen Jahre sollten Sie Ihrem Kind einige grundlegende Konzepte vermitteln, die ihm helfen, den eigenen Körper wertzuschätzen und zu verstehen, dass es selbst über ihn entscheidet.

[1] Lehren Sie Ihr Kind, durch gute Ernährung und Bewegung für seinen Körper zu sorgen.

[2] Lehren Sie Ihr Kind die richtigen anatomischen Bezeichnungen für Penis, Vagina, Orgasmus etc., damit es in der Lage ist, ohne Scham über sexuelle Themen zu sprechen.

[3] Bringen Sie Ihrem Kind bei, darauf zu achten, dass sein Körper ihm selbst gehört – und sonst niemandem.

DAS AUFKLÄRUNGSGESPRÄCH
Sprechen Sie schon vor der Pubertät über Sex, dann ist das Thema schon vertraut.
VOR DER PUBERTÄT (8–11 Jahre)
1 Bringen Sie Ihrem Kind bei, die Intimbereiche anderer nicht zu berühren und sich selbst nicht berühren zu lassen.
2 Lehren Sie die korrekten anatomischen Begriffe.
3 Verwenden Sie Beispiele aus der Natur, um zu »dem Gespräch« überzuleiten.
IN DER PUBERTÄT (14–16 Jahre)
1 Sprechen Sie über sexuelle Praktiken und den Schutz vor Geschlechtskrankheiten und Schwangerschaft.
2 Lehren Sie Ihr Kind, durch Ernährung und Bewegung für den eigenen Körper zu sorgen.

[4] Machen Sie ihm deutlich, dass es den Intimbereich anderer nicht berühren soll und dass keiner das Recht dazu hat, seinen Intimbereich zu berühren. (Zu Anfang können Sie erklären, dass damit die Körperbereiche gemeint sind, die von einem Badeanzug bedeckt werden.)

Wenn Ihr Kind reifer wird, entwickelt es möglicherweise ein spezielles Interesse an einem anderen Jungen oder Mädchen. Bei manchen Kindern beginnt das schon mit circa acht Jahren, aber normalerweise fällt es Eltern mit ungefähr elf Jahren verstärkt auf. Um diese Zeit fangen Kids manchmal an, davon zu sprechen, mit einem Jungen oder Mädchen »zu gehen«, was vielleicht nur bedeutet, dass sie Händchen halten, sich küssen oder von ihren Freunden als Paar betrachtet werden.

Diese Gefühle entwickeln sich weiter, wenn die Kinder älter werden. Bereiten Sie sich also darauf vor, Fragen zu beantworten. In unserer Sex-aufgeladenen Kultur gibt es unzählige Gesprächsanlässe.

- Reagieren Sie aufmerksam und offen auf die natürliche Neugier Ihres Kindes.
- Nutzen Sie Filme, Fernsehsendungen oder Musik als Gelegenheit, um Gefühle und sexuelles Verhalten zu erklären. Selbst ein Ausflug in den Zoo, wo die Schildkröten lüstern kopulieren, kann ein Ausgangspunkt für ein Gespräch sein.
- Beenden Sie jedes Gespräch damit, dass Sie Ihr Kind ermutigen, Ihnen weitere Fragen zu stellen, wenn ihm danach ist.

Sex lautet das Wort

Wenn Ihr Kind ungefähr neun oder zehn Jahre alt ist, können Sie anfangen, mehr Informationen anzubieten.

- Ein Einstieg könnte lauten: »Ich würde dir gerne ein bisschen was über das Wort ›Sex‹ erzählen, weil du es vielleicht schon öfters gehört hast.« Fangen Sie mit einem kurzen, zweiminütigen Gespräch an.
- Erklären Sie Ihrem Kind, dass Sex zwischen zwei Menschen stattfindet, die einander sehr wichtig sind, und dass er auf beidseitigem Einverständnis beruhen muss. Niemand sollte sich zu sexuellen Handlungen genötigt fühlen.
- Falls Ihr Kind anfängt, Interesse zu entwickeln und Fragen zu stellen, können Sie schildern, wie der Liebesakt auf der körperlichen Ebene funktioniert.
- Denken Sie daran, dass Sex nicht nur Geschlechtsverkehr bedeutet, sondern dass auch oraler Sex und Befriedigung mit der Hand dazugehören.

EXPERTENTIPP: *Viele Eltern fragen sich, wie offen sie mit ihrem eigenen Sexualleben sein sollen. Wie Sie damit umgehen, hängt von Ihrem individuellen Wohlbefinden ab. Wenn Sie nicht zu sehr ins Detail gehen, untermauern Sie das Recht auf Privatsphäre und Intimität, was hundertprozentig in Ordnung ist. Die meisten Kinder wollen sowieso nicht so genau wissen, was ihre Eltern unter der Bettdecke treiben.*

Sollte Ihr Kind mit neun Jahren noch keine Neugier auf Sexualität zeigen, können Sie selbst die Initiative ergreifen und nachfragen: »Hast du Fragen dazu, wie ein Kind entsteht?« Zum Einstieg können Sie vorschlagen, zusammen ein Buch anzusehen. Wenn Sie sich gemeinsam auf die Seiten konzentrieren, ist das oft weniger peinlich als ein Gespräch von Angesicht zu Angesicht. Selbst wenn Ihr Kind das Buch aufschlägt und sofort mit »Mama, spinnst du?« wieder zuklappt, kommt doch ein Gespräch in Gang.

Geschlechtskrankheiten – und andere wichtige Themen

Sobald Ihr Teenager weiß, dass Babys nicht vom Storch gebracht werden und sobald er emotional reifer ist (normalerweise zwischen 14 und 16 Jahren), kann sich das Gespräch weiterentwickeln, und Sie können über komplexere Themen wie Gefühle oder die Frage, wann man bereit für Geschlechtsverkehr ist, aber auch über sexuell übertragbare Krankheiten, Schwangerschaft, Schwangerschaftsverhütung und sogar Vergewaltigung oder sexuelle Belästigung bei einem Date reden. Am Anfang kann es Ihnen helfen, wenn Sie Zeitungs- oder Zeitschriftenartikel ansprechen, die Sie gelesen haben. Es kann für Sie beide leichter sein, Ihre Meinungen und Emotionen zu Themen auszutauschen, die peinlich berühren können, wenn Sie sich über hypothetische Situationen unterhalten.

Risikomanagement

Als Eltern wollen Sie zweifellos, dass Ihr Teenager mit dem ersten Sex (wenn er schon Sex haben muss) wartet, bis er emotional reif genug ist und er einen besonderen Partner gefunden hat, zu dem er eine tiefe innere Verbindung und eine für beide Seiten befriedigende Beziehung hat. Sex ist toll, wenn die Rahmenbedingungen stimmen. Aber das Paar muss reif genug sein, um aus freiem Willen eine gemeinsame Entscheidung zu sexuellen Handlungen zu treffen, und es muss seine fünf Sinne beisammenhaben, um dabei für angemessenen Schutz zu sorgen.

Aber wie vermittelt man eine ebenso berechtigte wie komplexe Botschaft einem Teenager, dessen Urteilsvermögen unzuverlässig ist und dessen Hormone durch die Decke gehen? Gewöhnen Sie sich daran.

Sie müssen ihm immer wieder die beängstigenden Fakten einhämmern, damit Ihr Kind eine innere Stimme entwickelt, die es vor impulsiven, unbedachten Ausflügen in die Welt des Sex warnt, solange es noch nicht so weit ist. Verwenden Sie dazu auf jeden Fall Ich-Botschaften, z. B.: »Die Risiken von Geschlechtskrankheiten sind ziemlich alarmierend. Ich mache mir Sorgen um dich.«

Wenn Sie die Fakten über sexuell übertragbare Krankheiten liefern, sollten Sie unbedingt darüber aufklären, dass:

- es sechs Typen von Geschlechtskrankheiten gibt. Nicht alle können mit Antibiotika geheilt werden. Die anderen sind Virenerkrankungen, die unheilbar sind. Wenn sie ausbrechen, kann man nur die Symptome behandeln.
- Genitalherpes – Herpes Typ 2 (HSV-2) hat man wahrscheinlich sein ganzes Leben lang. Es ist ebenfalls nicht heilbar.

EXPERTENTIPP: *Die präzisere Bezeichnung für Geschlechtskrankheiten lautet »sexuell übertragbare Infektionen«. Diese Unterscheidung ist wichtig: Man kann infiziert sein (z.B. mit HIV), aber die Infektion führt nicht zwingend zur Krankheit (AIDS). Ihr Kind will die Statistiken vielleicht nicht wahrhaben, aber das sind die Fakten:*

- Teenager (15 bis 19 Jahre) haben die höchste Rate an sexuell übertragbaren Infektionen, im Vergleich mit allen anderen Altersgruppen.
- 50 Prozent aller neuen AIDS-Diagnosen betreffen heute Menschen, die jünger als 25 Jahre alt sind.
- Häufig zeigen Infizierte keine Symptome: keinen Geruch, keine Schwellung, keine Absonderungen. Keine Symptome zu haben, heißt aber nicht, auf der sicheren Seite zu sein.
- Die Inkubationszeit bei sexuell übertragbaren Infektionen kann Tage, Wochen oder Monate betragen.

Schutz, Schutz, Schutz

Ihre Werte, Ihre religiösen Überzeugungen und das ganz normale Leben, sie alle spielen eine Rolle dabei, was Sie Ihrem Kind zu Geburtenkontrolle, Verhütungsmethoden und Abstinenz vermitteln. Es ist eine persönliche Entscheidung, die jede Familie für sich selbst trifft. Aber alle Eltern wollen, dass ihren Kindern nichts passiert und dass sie keine Krankheiten bekommen.

Offene Gespräche und genaue Informationen tragen viel dazu bei, Kinder zu schützen. Sie können Ihre Tochter begleiten, wenn sie ein Verhütungsmittel benötigt, damit sie sich selbstsicher fühlt, bei dem, was sie tut. Machen Sie einen Termin beim Gynäkologen, wenn Sie dazu Rat suchen.

EXPERTENTIPP: *Wann sollten Mädchen eine gynäkologische Praxis aufsuchen? Sobald sie eines der folgenden Kriterien erfüllen: Sie ist vierzehn bis einundzwanzig Jahre alt. Sie ist sexuell aktiv. Sie hat Probleme mit ihrer Periode. Wir empfehlen, dass Mädchen mit achtzehn Jahren beginnen, ihre Brüste abzutasten (angeleitet von ihrem Frauenarzt), aber ein PAP-Abstrich ist erst notwendig, wenn sie schon ein paar Jahre sexuell aktiv sind. Ihr Arzt sollte Ihre Tochter mit einem einfachen Urintest oder einem Scheidenabstrich auf sexuell übertragbare Infektionen untersuchen. Jungen sollten bei ihren Untersuchungen auf Geschlechtskrankheiten überprüft werden. Das geht ganz einfach durch Sichtkontrolle oder eine Urinprobe.*

Die unbeständigen Wege der Liebe

Die Vorstellungen von »Liebeswerben« und Dating, mit denen Sie aufgewachsen sind, haben sich dramatisch verändert. Ja, es gibt immer noch die Mädchen und Jungen, die sich im Kino zu wildem Petting treffen und ständig aneinanderkleben. Aber der Trend, den Eltern oft besorgniserregend finden, geht zu einmaligen oder kurzfristigen sexuellen Abenteuern. Zwanglose Beziehungen ohne Verpflichtungen, die alles beinhalten können, vom Küssen bis zum oralen Sex (den viele Kids nicht als Sex werten, weil keine Penetration stattfindet).

Achtung: Depressionen und Geschlechtskrankheiten sind keine seltene Nebenwirkung dieser spontanen sexuellen Begegnungen.

Wie man als Eltern Verständnis zeigt

Viele Kinder, aber nicht alle, beginnen in den Teenagerjahren mit sexuellen Experimenten. Manche haben keine Dates und wollen keinen Sex. Viele Kids haben das Gefühl, dass sie noch zu jung dafür sind. Manche gehen bis zum Küssen, andere wollen miteinander schlafen.

Sie, die Eltern, müssen Ihre wichtigsten Werte über Sexualität, die Sie Ihrem Sohn oder Ihrer Tochter schon in den vergangenen Jahren nähergebracht haben, regelmäßig wiederholen.

- Die Entscheidung für Sex muss von beiden Seiten einvernehmlich getroffen werden.
- Der Geschlechtsverkehr muss freiwillig und mit Respekt für den Partner stattfinden.
- Das Paar sollte Sexualität als einen Weg sehen, sich näherzukommen.

- Niemand sollte Sex oder sexuelle Handlungen als Weg sehen, Aufmerksamkeit zu bekommen oder das eigene wackelige Selbstbewusstsein zu stärken.

Ja, Doppelmoral gibt es heute immer noch, so wie zu Ihrer Zeit. Mädchen werden immer noch als »Schlampen« bezeichnet, man sieht auf sie herab, während Jungen, die sich genauso verhalten, oft im Status der Peergruppe aufsteigen. Machen Sie Ihrem Kind klar, dass keine Seite »gewinnt«, wenn man Sex ohne eine emotionale Verbindung hat.

[1] Machen Sie es wie Sokrates: Helfen Sie Ihrem Kind mit offenen Diskussionen, über diese Themen nachzudenken. Finden Sie heraus, was Ihr Teenager weiß, und starten Sie dann den sokratischen Dialog: Führen Sie ihn mit offenen Fragen, die ihn dazu bringen, über die Konsequenzen seines risikobereiten Verhaltens nachzudenken. Erkundigen Sie sich: »Hast du Fragen zur Sexualität?« oder: »Gibt es etwas bei deinen Freunden, worüber du dir Sorgen machst?« Teenager sind normalerweise nicht ehrlich gegenüber Eltern, die ihnen Vorwürfe machen. Wenn Sie ein gutes Gespräch über diese sensiblen Themen führen wollen, muss Ihr Kind sehen, dass Sie unvoreingenommen sind.

[2] Stellen Sie Regeln auf: Kinder sind meist froh, wenn es Regeln gibt. Wenn Teenager sagen können: »Meine Mutter killt mich, wenn ich …«, sind sie bei Gleichaltrigen oft raus aus der Sache. Selbst seine Freunde werden das respektieren. Spielen Sie die »bösen Eltern«, dann kann er Ihnen die Schuld zuschieben und hat in gefährlichen Situationen eine Hintertür aus dem Gruppendruck.

[3] Rollenspiele: Fragen Sie Ihren Teenager nach Partys oder Orten, an denen er risikofreudiges Verhalten beobachtet hat. Lassen Sie ihn mit improvisierten Rollenspielen mögliche Reaktionen für Situationen ausprobieren, in denen er unter Druck geraten könnte, Dinge zu tun, die er nicht tun

will. Mit Sätzen wie »Respektiere mich, respektiere meine Entscheidung« und »Wenn ich NEIN sage, meine ich nein« können Sie ihm Werkzeuge zur Selbstermächtigung an die Hand geben.

[4] Nehmen Sie beim Gespräch den direkten Weg: Gestehen Sie Ihrem Sohn zu, dass er wahrscheinlich oft sexuell erregt ist. Sprechen Sie über sein Bedürfnis nach Intimität. Sie können ihm dabei helfen herauszufinden, wie er seine Gefühle so kanalisieren kann, dass er das Ziel seiner Aufmerksamkeit nicht emotional verletzt oder unter physischen Druck setzt. Er sollte wissen, dass Sex nicht die einzige Art ist, auf die sich ein Junge jemandem nahe fühlen kann.

[5] Sprechen Sie über Entscheidungsfreiheit: Teenager beiderlei Geschlechts muss man daran erinnern, dass sie das Recht haben, selbst zu entscheiden, ob sie Geschlechtsverkehr haben wollen, dass der Körper eines Menschen kostbar ist und respektiert werden muss und dass Intimität immer gegenseitig sein sollte. Wenn Freunde Ihrer Tochter oralen Sex praktizieren, fragen Sie nach, ob es vor allem Mädchen bei Jungen machen oder umgekehrt. Fragen Sie, warum Jungen oft die Mädchen, die es ihnen besorgen, nicht küssen wollen. Fragen Sie, ob sie glaubt, dass das in Ordnung ist. Appellieren Sie an ihren Sinn für Fairness und Gerechtigkeit.

[6] Erinnern Sie Ihr Kind daran, dass Situationen außer Kontrolle geraten können: Diskutieren Sie über die große Rolle, die Alkohol bei unklugen Entscheidungen und enthemmtem Verhalten spielt. Sie können mit Rollenspielen üben, »nein« in Situationen zu sagen, die gerade außer Kontrolle geraten. Bringen Sie Ihrem Teenager bei zu sagen: »Jetzt aber mal langsam!«

[7] Erinnern Sie Ihren Teenager an die möglichen Folgen von ungeschütztem Sex: Er sollte genau Bescheid wissen über Schwangerschaften, Geschlechtskrankheiten und wie man sich davor schützt.

[**8**] Sprechen Sie mit anderen Eltern: Sie sollten wissen, wie man an der Schule mit diesen Themen umgeht. Wenn andere Eltern Ihre Bedenken in bestimmten Fragen teilen, können Sie an der Schule Workshops für Teenager und Eltern zu Sex und Sexualität anregen.

EXPERTENTIPP: *Sie fragen sich vielleicht, ob Sie die Botschaft aussenden, dass Sie ihm Ihr Einverständnis zum Sex geben, wenn Sie Ihrem Teenager den Zugang zu Kondomen und Schwangerschaftsverhütung erlauben. Studien haben jedoch ergeben, dass Teenager sehr wohl verstehen, dass ihre Eltern um ihre Sicherheit besorgt sind, wenn sie sich einmischen und ihnen erklären, wie sie sich bei Sex schützen können. Das ist kein Freifahrtschein, der ihnen erlaubt zu tun, worauf sie Lust haben, vielmehr ist es ein Weg, die Konsequenzen von sexuellen Handlungen aufzuzeigen.*

Ist mein Teenager homosexuell?

Eltern, die eine enge Verbindung zu ihrem Kind haben, wissen normalerweise – oder haben zumindest eine Ahnung –, dass Ihre Tochter oder Ihr Sohn homosexuell ist. Aber nicht immer.

Jungen »outen« sich meist früher als Mädchen. Weil Mädchen häufig eine enge, emotional und körperlich intensive Beziehung zu anderen Mädchen haben, die gesellschaftlich als heterosexuell akzeptiert ist, stellen sie den Unterschied in ihrer sexuellen Orientierung oft erst später fest. Jungen, die diese Nähe zu anderen Jungen erleben, werden jedoch nicht mehr als hetero betrachtet. Sie sind früher gezwungen, sich mit ihrer sexuellen Identität auseinanderzusetzen. Selbst wenn viele Teenager und junge Erwachsene sich fragen, ob sie homosexuell sind, sehen die meisten von ihnen die eigene Identität anfänglich als bisexuell. Es kann einfacher sein, sich mit dieser »halben« Orientierung auseinanderzusetzen, während sie lernen, ihre Homosexualität zu akzeptieren.

- Wenn Sie vermuten, dass Ihr Teenager homosexuell ist, müssen Sie einen sicheren Ort für ihn schaffen, an dem er über seine Gefühle reden kann. Viele Kinder haben Angst vor der Reaktion ihrer Eltern. Sprechen Sie über homosexuelle Freunde, Eltern, Kollegen oder Stars, damit das Thema ganz normal wird.
- Fragen Sie beispielsweise: »Hast du jemals über deine Sexualität nachgedacht?« Solche offenen Fragen geben Ihrem Kind Raum, seine Gefühle, Verwirrung, Zweifel oder Ängste in Worte zu fassen.
- Versichern Sie Ihrem Kind, dass Sie es immer lieben und unterstützen, was auch immer es über sich selbst herausfindet. Sollte Ihr Teenager abstreiten, dass er homosexuell ist, kommen Sie zu einem späteren Zeitpunkt auf die Frage zurück. Viele schwule Heranwachsende verleugnen ihre Identität erst, weil sie Angst haben, dass eine ehrliche Antwort negative Konsequenzen haben könnte.
- Wenn sich Ihr Kind outet, ist es Ihr Job als Eltern, Ihr Kind aufzuklären und es mit den richtigen Informationen über die Risiken bei sexuellen Beziehungen zu informieren, so wie Sie es auch bei einem heterosexuellen Kind tun würden. Darüber hinaus müssen Sie über das Risiko von Gewalt sprechen, das von Menschen ausgehen kann, die ein Problem mit Homosexuellen haben. Niemand darf eine homosexuelle Person belästigen, schikanieren oder ihr körperliche Gewalt antun. Ihr Kind muss wissen, dass Sie immer und unter allen Umständen eingreifen werden, damit es ihm gut geht.
- Die Eltern schwuler oder lesbischer Teenager (oder Heranwachsender, die versuchen, ihre sexuelle Orientierung zu finden) sollten auf Anzeichen von Depression achten. Ihr Kind hat möglicherweise ein höheres Risiko für Depression und Suizid, während es in einer Welt, in der Homosexualität nicht überall akzeptiert ist, mit seinen Emotionen und seiner Identität kämpft.
- Eltern, die sich Sorgen machen und Schwierigkeiten mit der Homosexualität ihres Kindes haben, sollten sich Hilfe suchen, damit sie ihre eigenen Gefühle verstehen lernen. Unterstützung und Informationen finden Sie beispielsweise bei pro familia, genderdings.de, In&Out Jugendberatung oder ähnlichen Organisationen.

■ Falls die Schule Ihres Kindes kein Programm hat, um die Akzeptanz, Sicherheit und das Verständnis für homosexuelle Schüler zu fördern, können Sie sich an eine lokale Anlaufstelle für Homosexuelle wenden. Dort bekommen Sie Unterstützung und Rat, damit Sie selbst eine Initiative starten können.

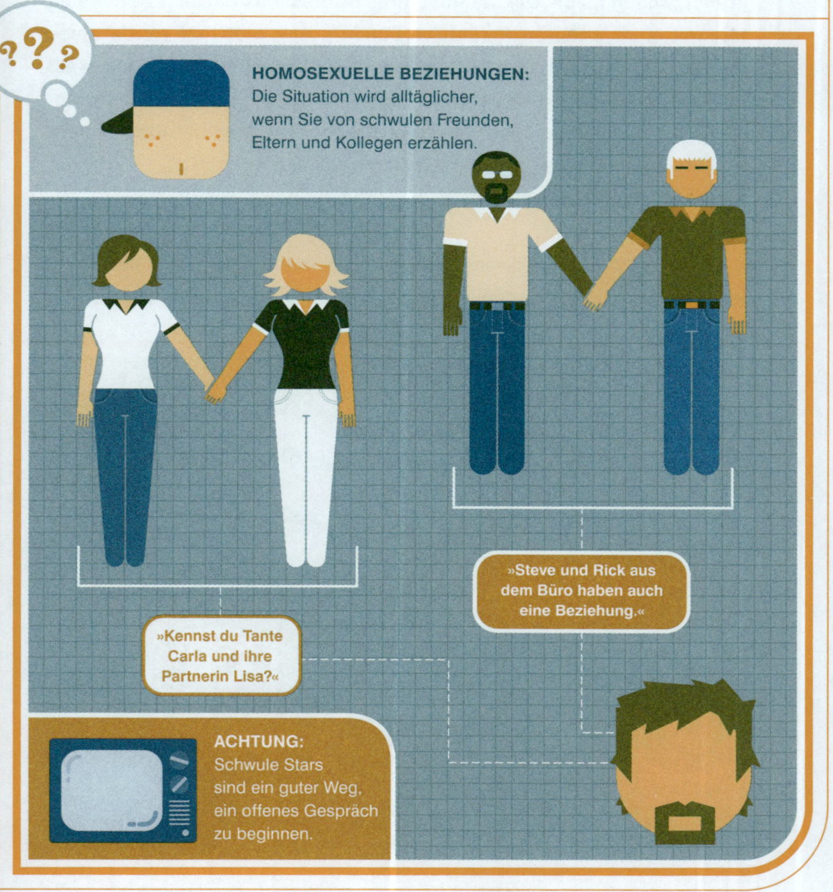

Trennungen sind hart

Ihr Teenager wird voraussichtlich in der mittleren oder späten Pubertät seine erste ernsthafte Beziehung haben und unter der ersten Trennung leiden. Ihr Kind hat schrecklichen Liebeskummer, vor allem bei der ersten großen Liebe. Die Identität Ihres Sprösslings hat sich zum ersten Mal mit einer anderen Person verbunden, und plötzlich wurde diese Verbindung gekappt. Ihre Tochter oder Ihr Sohn fühlt sich hilflos, weiß nicht, wie das Leben weitergehen soll und hat nicht die Lebenserfahrung, um zu wissen, dass das Herz heilen wird. Manche Kids äußern Suizidgedanken oder gehen waghalsige Risiken ein.

Helfen Sie Ihrem Kind durch den schlimmsten Liebeskummer:

[1] Betrachten Sie in dieser Situation Ihren Teenager als Kind. Ihre Tochter weint, kann nicht klar denken und ist weit entfernt von der selbstsicheren

jungen Frau, die sie normalerweise ist. Viele Teenager machen im Stress einer Trennung einen Rückschritt in der Entwicklung. Kochen Sie ihr eine Suppe und verwöhnen Sie sie mit ihrer Lieblingszeitschrift oder ihrem Lieblingsessen. Stellen Sie ihr Blumen ins Zimmer. Sie muss jetzt mit Samthandschuhen behandelt werden und sich geborgen fühlen.

[2] Hören Sie zu. Vielleicht will sie reden und das, was vorgefallen ist, immer wieder aufwärmen. Möglicherweise ist sie durcheinander und von den Ereignissen überrumpelt, die zur Trennung geführt haben. Seien Sie ein mitfühlender Zuhörer. Versuchen Sie nicht, irgendwelche Probleme zu lösen oder Spekulationen darüber anzustellen, was schiefgelaufen ist. Hören Sie einfach zu und würdigen Sie ihren Schmerz.

[3] Erinnern Sie Ihre Tochter an ihre eigene Persönlichkeit. Sie ist immer noch derselbe Mensch, der sie gewesen ist, ehe sie mit diesem Typen zusammen war. Sprechen Sie über die Dinge, die sie mag: Hobbys, Filme, Erinnerungen. Das sind kleine, aber wichtige Ermunterungen, dass sie trotz der Trennung eine vollständige Person ist.

[4] Wechseln Sie den Ort. Falls Ihre Tochter Kino liebt, machen Sie eine Spritztour in die nächste Stadt und ziehen mit ihr um die Häuser. Sie mag traurig und wortkarg sein, aber es kann helfen, draußen in der Welt anderen Menschen zu begegnen, und vielleicht überrascht es sie selbst, dass sie wieder eine Beziehung zu ihrer Umgebung aufbaut.

[5] Nehmen Sie ihr die Angst. Ihre Tochter macht sich vielleicht Sorgen darüber, nach der Trennung wieder in der Schule aufzutauchen. »Ich kann auf keinen Fall mit ihm im selben Klassenzimmer sitzen« oder »Ich kann es nicht ertragen, dabei zuzusehen, wie er mit einem anderen Mädchen Händchen hält«. Machen Sie das Unbekannte mit einem Rollenspiel vertrauter, bei dem Ihr Kind sein Verhalten üben kann.

EXPERTENTIPP: *Achtung! Lassen Sie alles stehen und liegen, wenn Sie das Gefühl haben, dass sich Ihr Kind etwas antun könnte, und suchen Sie das Gespräch. Stellen Sie Fragen wie: »Denkst du darüber nach, wie es wäre, nicht mehr zu leben, oder wünschst du dir einzuschlafen und nicht mehr aufzuwachen?« Sie müssen sofort etwas unternehmen, wenn Ihr Kind Gedanken, Absichten oder einen Plan für einen Suizid äußert. Holen Sie sofort professionelle Hilfe.*

Tanzfieber:

Schulpartys und Abschlussbälle

Wenn Sie nostalgische Erinnerungen mit dem Zombie-Tanz aus Michael Jacksons Song »Thriller« verbinden und der prickelnden Erfahrung, sich im Gleichklang mit der Menge zu bewegen, oder Sie in Gedanken schwelgen, wie Sie Ihre Freunde mit Disco-Moves à la John Travolta beeindruckt haben, dann können Sie sich schon mal auf das gefasst machen, was heute bei Teenagern auf Tanzveranstaltungen läuft.

Tipps für den Abschlussball

Mit dem Abschlussball ist die Zeit für dunkle Anzüge, hautenge Kleider, stark aufgetragenes Make-up und Haarspray, exzessiven Alkoholkonsum, wildes Tanzen, erträumten oder tatsächlichen Sex, durchgemachte Nächte und verschwommene, aber glückliche Erinnerungen an die ganze Erfahrung gekommen.

Ja, es wird diesen zauberhaften Moment geben, in dem die Väter ihren Söhnen beibringen, wie man eine Fliege bindet und die Mütter ihre Töchter zum Friseur begleiten, um die Haare hochstecken zu las-

sen. Aber Bälle und Partys sind zugleich eine dreifache Gefahr, die Eltern das Blut in den Adern gefrieren lässt: Alkohol, Drogen und Sex sind Themen, über die alle Eltern mit ihren Teenagern reden müssen – wenn sie es nicht sowieso schon regelmäßig getan haben.

- Ihr Kind muss die Gefahren von Drogen- und Alkoholmissbrauch kennen. Partys sind einmalige Gelegenheiten für Teenager, um verbotene Substanzen einzuschmuggeln.
- Spielen Sie mögliche Szenarien mit Ihrem Kind durch, damit es lernt, in brisanten Situation »nein« zu sagen und trotzdem cool zu wirken.
- Überzeugen Sie sich davon, dass Ihr Teenager versteht, wie gefährlich alkoholisiertes Fahren ist. Entwickeln Sie eine Strategie, um sicherzugehen, dass er sich nicht betrunken hinters Steuer setzt und nicht ins Auto eines anderen Jugendlichen einsteigt, der getrunken hat. Er muss wissen, dass er Sie zu jeder Tages- und Nachtzeit anrufen kann, damit Sie ihn abholen.

EXPERTENTIPP: *Eltern sagen mir oft: »Es wäre mir lieber, meine Tochter würde sich zu Hause betrinken, wo ich weiß, dass sie sicher ist.« Achtung: Es ist nicht nur illegal, Alkohol an minderjährige Kinder auszuschenken, sondern bestärkt Teenager auch im Glauben, dass man Alkohol trinken müsse, um Spaß zu haben. Aber entscheidend ist, dass Sie als Gastgeber für die Sicherheit aller Gäste verantwortlich sind.*

BALL-ETIKETTE

ANSTECK-STRÄUSSCHEN
für sie

KNOPFLOCH-BLUME
für ihn

FORMALE KLEIDUNG
Erforderlich für sie und ihn

BEFÖRDERUNG

Stretchlimousine (cool)

Familienkutsche (nicht so cool)

ACHTUNG: Fahrgemeinschaften helfen Kosten sparen.

ELTERN, GROSSELTERN UND LEHRER KÖNNEN AUFSICHT FÜHREN UND VERHINDERN:

1. Alkoholkonsum
2. Drogenkonsum
3. Wilde Fummelei, anzügliches Tanzen, anstößiges Verhalten
4. Zweideutigen Tanzstil (Geben Sie dem DJ eine autorisierte Playlist.)

4
3
1
2

6
BEER BEER BEER
$#&*
you!

[Kapitel 5]

Redebedarf:

Warum es wichtig ist, im Gespräch zu bleiben

Wenn Sie die vorhergehenden Seiten gelesen haben, wissen Sie schon, dass eine erfolgreiche Kommunikation mit einem Teenager – über Sex, Schwärmereien, Drogen und sogar Computerspiele – mit regelmäßigen Gesprächen in frühester Kindheit beginnt. Aber es ist nie zu spät, damit anzufangen. Wenn Sie Respekt zeigen, unvoreingenommen zuhören und sich der zunehmenden Reife Ihres Kindes bewusst sind, wird es höchstwahrscheinlich auf das, was Sie zu sagen haben, ebenfalls mit Respekt und Offenheit reagieren. Selbst wenn Teenager ihre eigene Autonomie anstreben, wollen es viele Jugendliche immer noch ihren Eltern recht machen und suchen ihre Anerkennung.

Gesprächspunkte

Der Schlüssel zu einer guten Kommunikation liegt darin, ebenso genau zu wissen, was man nicht sagt und was man nicht tut, wie zu wissen, was man sagt und tut.

Reden, nicht belehren

Achten Sie darauf, dass Sie jeglichen Roadtrip auf der Straße der Erinnerung vermeiden: »Junger Mann, als ich ein Jugendlicher war …« Sie sind kein Jugendlicher mehr, und Ihr Teenager weiß das ganz genau. Alles, was dieser Vorrede folgt, wird er vermutlich ignorieren.

Wenn man Ideen im Kopf eines Teenagers pflanzen will, ist es besser, Fragen zu stellen, als langatmige Reden zu halten. Es ist viel überzeugender, durch eigene geistige Sprünge zu einer neuen Sichtweise zu gelangen, als von jemand anderem gesagt zu bekommen, was man tun soll. Fragen Sie also: »Und was würde dann passieren?«, wenn Ihr Kind versucht herauszufinden, wie es mit einer verzwickten Situation

umgehen soll. Durch diese einfache Frage wird es Konsequenzen sehen, die es sonst vielleicht nicht bedacht hätte.

Sehen Sie es positiv

Wenn Sie Ihrem Kind echte Neugier und Empathie entgegenbringen und ihm unvoreingenommen zuhören, werden Sie erstaunt sein, wie viele Einzelheiten es mit Ihnen teilen wird. Lassen Sie uns annehmen, Ihr Sohn hat Ihnen erzählt, dass er am letzten Wochenende auf der Party getrunken hat. Anstelle einer Kurzschlussreaktion oder einer Belehrung zum Thema Alkohol und Minderjährigen reagieren Sie mit der Frage: »Ich wette, du hattest Spaß mit deinen Kumpels. Was hat dir daran gefallen?« Sie werden wahrscheinlich mehr darüber hören, als Sie je erfahren hätten, wenn Sie ihm Vorwürfe gemacht hätten. Das heißt nicht, dass Sie versuchen sollten, selbst »einer von den Jungs« oder »coole« Eltern zu sein, aber wenn Sie wirklich neugierig sind und das, was Ihr Kind Ihnen erzählt, realistisch einschätzen, wissen Sie sehr viel genauer, was als Nächstes zu tun ist.

- Indem Sie anerkennen, dass Ihr Kind Teile seines riskanten Verhaltens genossen hat, haben Sie es entwaffnet.
- Es kann zugeben, dass es anfangs Spaß gemacht hat, aber der anschließende Kater grässlich war.
- Jetzt können Sie die Gefahren von Alkoholkonsum schildern, einschließlich Fahren unter Alkoholeinfluss oder Enthemmung, die zu risikobereitem Sexualverhalten führen kann.
- Ihr Teenager fühlt sich umgekehrt vielleicht wohl genug, um Ihnen gegenüber offen zu sein, und Sie können besonnen darüber diskutieren.

EXPERTENTIPP: *Wenn Sie ein ruhiges und zurückhaltendes Kind haben, kann es sich von einem Erwachsenen, der laut, direkt und überbordend ist, überrollt fühlen. Und ein Kind, das mitteilsam und redefreudig ist, findet möglicherweise keinen Gesprächsrhythmus mit einer Mutter oder einem Vater, die sich mit Worten eher schwertun. Wenn Sie feststellen, dass Ihr Jugendlicher einen anderen Gesprächsstil hat als Sie und Sie versuchen, sich bis zu einem gewissen Grad aneinander anzupassen, wird das Ihre Kommunikation verbessern.*

Verwenden Sie »Ich-Botschaften«

Wenn Ihnen Ihr Kind erzählt, dass es etwas angestellt hat, das Sie schockiert oder echt gefährlich war, ist Ihre instinktive Reaktion womöglich, sofort loszubrüllen. Teenager tun manchmal unfassbar dumme Sachen. In den vergangenen Jahren hatten Sie die Kontrolle darüber, was er darf und was er nicht darf, aber jetzt, da er alleine loszieht, fühlen Sie sich machtlos – und machen sich Sorgen.
Erinnern Sie sich daran, dass Sie »Ich-Botschaften« verwenden:

- Eine Ich-Botschaft ist viel wirksamer, als einem Kind einen Vortrag darüber zu halten, dass es sein Verhalten ändern muss. Sie lässt Raum für Diskussion und andere Sichtweisen.
- Es ist schwieriger, einer Ich-Botschaft etwas entgegenzusetzen. Man kann sie nicht abstreiten, denn es ist nun mal Ihre Sichtweise.

Wenn Ihre Tochter mit einem aufreizenden Outfit ins Einkaufszentrum gehen will, sagen Sie: »Ich mache mir Sorgen, dass du aussiehst, als wärst du zu Sachen bereit, zu denen du nicht bereit bist.« Ihre Tochter kann immer noch ihre eigene Entscheidung treffen. Sie haben die Sorge für ihr Wohlergehen nicht als Vorwurf vorgebracht und sie nicht in

»ICH-BOTSCHAFTEN« SIND AM WIRKUNGSVOLLSTEN, WEIL:
1 sie Raum für Diskussionen lassen.
2 es schwer ist, sie zu widerlegen.

die Defensive gedrängt. Das kann Ihre Tochter darin bestärken, ähnliche »Ich-Botschaften« zu verwenden, wenn sie mit ihren Freunden oder Lehrern spricht.

EXPERTENTIPP: *Wenn Ihr Teenager etwas von Ihnen will, Ihnen eine Frage stellt oder eine Bitte hat und Sie nicht sofort wissen, was Sie darauf antworten sollen, sagen Sie genau das. Antworten sollten nicht in der Hitze des Gefechts erzwungen werden. Kinder haben die Angewohnheit, ihre Eltern just in den Momenten zu überrumpeln, in denen sie abgelenkt oder unaufmerksam sind. Antworten Sie einfach, dass Sie über die Frage nachdenken werden und dann Bescheid geben. Wenn Ihr Kind trotzdem sofort eine Antwort haben will, können Sie entweder darauf bestehen, dass diese warten muss, oder mit einem »Platzhalter« reagieren, bei dem Ihrem Teenager klar ist, dass Sie Ihre Antwort möglicherweise revidieren, wenn Sie Zeit hatten, in Ruhe darüber nachzudenken.*

Üben Sie aktives Zuhören

Wenn Teenager nicht verrücktes Zeug reden, das geradezu nach einem Gegenbeweis schreit, erzählen sie oft von Situationen, die Eltern unwillkürlich in die Versuchung bringen, ihren Senf dazuzugeben. Aber Achtung: Sie müssen sich in Zurückhaltung üben. Oder wie es im Sprachgebrauch der Psychologie heißt, in »aktivem Zuhören«.

- Widerstehen Sie der Versuchung, ungefragt Ihre Meinung zu äußern, Sätze zu beenden oder Ihren Teenager zu unterbrechen. Eltern stürzen sich oft in das Problem und lösen es, statt ihrem Kind einfach nur zuzuhören, wenn es seinen Sorgen Luft macht. Kids wollen ihre Gefühle teilen, und sie wollen von den Eltern bestätigt werden. Sie wollen sich auch vergewissern, dass die Beziehung zu ihnen stark genug ist, um die Wucht ihrer Emotionen auszuhalten.

- Warten Sie, bis Ihr Kind bereit ist zu reden, und üben Sie keinen Druck aus. Es wird von selbst mit Ihnen über schwierige Themen sprechen, wenn es so weit ist.
- Versuchen Sie nicht um jeden Preis, das letzte Wort zu behalten.

Schadenfreudefreie Zone

Halten Sie sich zurück mit »Ich habe es dir ja gleich gesagt«, wenn Ihr Kind einen Fehler gemacht hat (besonders dann, wenn es Ihren Rat nicht angenommen hat). Kids lernen ihre Lektion viel besser aus Fehlern (sofern sie keine langfristigen Konsequenzen haben) als aus Belehrungen im Vorfeld. Hinterher können Sie gemeinsam darüber sprechen, wie die Dinge gelaufen sind und was passiert wäre, wenn Ihr Teenager andere Entscheidungen getroffen hätte.

Die meisten Teenager sind sich sehr wohl bewusst, dass sie Dinge in den Sand setzen können. Was Ihr Kind wirklich braucht, ist Ihre Unterstützung und die Ermutigung, dass es beim nächsten Mal ganz anders laufen kann.

Wie man mit Lügen umgeht

Wenn Eltern und Kinder ein gutes und vertrauensvolles Verhältnis zueinander haben, sollten Lügen und Ausflüchte eher selten vorkommen. Teenager lügen vor allem dann, wenn sie das Gefühl haben, dass ihre Eltern, wenn sie ihnen die Wahrheit erzählen, sie nicht verstehen oder sie, schlimmer noch, bestraft werden. Das Wichtigste ist, sich das Vertrauen Ihres Teenagers schon vorher zu verdienen – nur dann können Sie erwarten, dass er Ihnen im Gegenzug meistens die Wahrheit sagt.

- Wenn Sie Ihrem Sohn versprochen haben, dass Sie »keine Fragen stellen«, wenn er Sie anruft und Sie bittet, ihn abzuholen, weil er in einer gefährlichen Situation ist, dann müssen Sie Ihr Wort auch halten.
- Brüllen Sie Ihre Tochter danach nicht an und drohen Sie nicht damit, ihr etwas zu verbieten oder zu streichen. Wenn Sie so reagieren, lassen Sie ihr wenig Alternativen, als Sie beim nächsten Mal anzulügen.
- Stellen Sie klare Familienregeln auf und setzen Sie diese liebevoll und konsequent durch. Das verbessert die Kommunikation, und Sie werden seltener getäuscht.

EXPERTENTIPP: *Für Eltern ist es das Allerschlimmste, angelogen zu werden – die eklatanteste Missachtung ihrer Autorität und ihrer Regeln. Für Teenager ist Lügen nur eine weitere Möglichkeit, die Grenzen auszutesten und zu erreichen, was sie wollen. Kümmern Sie sich zuerst um die Regel, die gebrochen wurde. Die Lügen haben Zeit bis später. Und: Nehmen Sie das Lügen nicht persönlich. Eltern, die verletzt und wütend sind, maßregeln ihre Kinder oft nicht angemessen. Anstelle auf das spezifische Verhalten, das zu dieser Situation geführt hat, zu reagieren, haben sie das Gefühl, viel strengere Maßnahmen ergreifen zu müssen, um so jeden Ungehorsam zu unterbinden.*

Wenn Widerstand zwecklos erscheint

Falls Ihr Teenager über die Stränge schlägt – sich aus dem Haus schleicht, um Bier zu trinken oder einen Joint zu rauchen –, müssen Sie wissen, dass er wahrscheinlich selbst ein schlechtes Gewissen hat. Er weiß, dass es nicht in Ordnung ist, aber er macht es trotzdem. Unter dieser Schale des »harten Jungen« hat er eine Menge Zweifel: »Ich weiß, dass ich es lassen sollte, und ich weiß, dass es gute Gründe dafür

gibt, es nicht zu tun, aber ich tue es trotzdem, weil [es Spaß macht/ meine Freunde es tun/ich nicht an die Folgen denken will].«

Aber im selben Moment, in dem Sie ihm erklären: »Nein, das darfst du nicht«, regt sich sein Widerstand, und die Waage, die das Für und Wider in Balance hält, neigt sich auf die Seite der falschen Entscheidung. Wenn Sie subtiler vorgehen wollen, versuchen Sie es besser so: »Ich wette, es gibt jede Menge guter Gründe. Erklär mir, was du denkst.«

- Erzählt er Ihnen, dass er sich beim Trinken gut fühlt, stecken vielleicht Ängste dahinter, bei denen Alkohol zu helfen scheint. Kümmern Sie sich um die Ursache des Problems, dann kann sich das Verhalten ändern.
- Erzählt er Ihnen, dass er Gras raucht, weil es seine Freunde tun, stellen Sie ihm Fragen über seine Freunde und was er am meisten an ihnen mag. Mag er sie dafür, wer sie sind oder nur, weil sie ihn in ihre Clique aufgenommen haben? Vielleicht hat er Probleme mit dem Selbstbewusstsein und muss mit einem Therapeuten reden.
- Wenn Sie das Problem mit echter Neugier erforschen, statt mit Wut und Strafe zu reagieren, erfahren Sie viel mehr über Ihren Teenager und seine Gemütsverfassung – und darüber, welche Form von Hilfe er von Ihnen braucht.

Das alte Schweigen?

Zieht sich ein Teenager zurück, liegt es oft daran, dass er einfach völlig mit seinem Sozialleben, schulischen Verpflichtungen, Sporttraining und dem typischen Innenleben von Kids beschäftigt ist. Jungen neigen stärker dazu, sich zurückzuziehen als Mädchen. (Manche glauben, dass dieses Verhalten teilweise vorprogrammiert ist, aber auch mit generell geringeren Kommunikationsfähigkeiten von Jungen zusammenhängt.)

Beteiligt sich Ihr Kind aber überhaupt nicht mehr am Familienleben, könnte das ein Anzeichen für Probleme sein. Selbst Kids, deren ganzes Leben sich um die Freunde dreht, halten noch Kontakt zu ihren Familien. Ein Kind, das sich von jeder Kommunikation zurückgezogen hat, braucht Hilfe. Andere Hinweise auf Schwierigkeiten können sein: viel Zeit mit Schlafen verbringen, Schule schwänzen, andere Ernährung, schlechte schulische Leistungen, auffällige Veränderungen in der Persönlichkeit, Komasaufen oder Gedanken über Suizid äußern. Reden Sie mit Ihrem Kinderarzt, damit Sie die nächsten Schritte einleiten können. Es kann ein Termin bei einem Spezialisten notwendig sein.

Die Kommunikation ist der Schlüssel, um Beziehungen aufrechtzuerhalten. Wenn die Kommunikation mit Ihrem Jugendlichen droht abzubrechen, müssen Sie neue Wege finden, um in Kontakt zu bleiben.

[1] Bestehen Sie auf regelmäßigen Familienmahlzeiten. Sich bei Tisch zu treffen und zusammen zu essen, ist ein uraltes Ritual, das Nähe und Verbindung schafft. Ihre Kinder können von den Erlebnissen des Tages berichten, Sie haben die Gelegenheit Fragen zu stellen, und gemeinsam können Sie diskutieren, was am Tag ansteht oder welche Familienveranstaltungen bevorstehen. Sie und Ihr Partner können Ihren Kindern vorleben, wie man sich mit Respekt und Humor miteinander unterhält.

[2] Schlagen Sie gemeinsame Aktivitäten vor, das bringt die Unterhaltung in Schwung. Statt das Zimmer Ihrer Tochter zu betreten und zu verkünden, dass Sie mit ihr reden müssen, können Sie fragen, ob sie Ihnen Gesellschaft leistet: Machen Sie eine Erledigung, werfen Sie ein paar Basketballkörbe, spielen Sie Fangen, jäten Sie Unkraut oder lümmeln Sie nur gemeinsam auf der Couch herum. Solche Momente bieten oft einen großartigen Anfang für ein Gespräch, ohne dass Sie auf Ablehnung stoßen.

[3] Bauen Sie sich ein Netzwerk auf. Andere Eltern sind eine großartige Informationsquelle für das, was im Leben Ihres Teenagers läuft. Sie erfahren mehr über Situationen, die Ihr Kind vielleicht nur angedeutet hat. Andere Eltern können Ihnen Informationen geben, durch die Ihre Befürchtungen weniger werden. Oder Sie erfahren etwas, das Ihnen klarmacht, dass Sie unbedingt mit Ihrem Kind darüber reden sollten. Wenn Ihnen jemand erzählt, dass es am Wochenende zwei Unfälle mit Betrunkenen gegeben hat, kann das ein Anlass für ein Gespräch über Alkohol, über Autofahren nach Partys und Codewörter sein, die er verwenden kann, wenn er auf einem alkoholgeschwängerten Fest gestrandet ist und abgeholt werden muss.

Drama-Kings und Drama-Queens

Warum sind Jugendliche so mürrisch und voller Wut? Bei Teenagern hat die Wut verschiedene Gründe: Sie sind dann überfordert, frustriert, traurig, verletzt oder hormongesteuert. Jugendliche sind total emotional, viel stärker als Erwachsene. Wenn ein Teenager ins Haus stürmt, müssen Sie sofort einschätzen, ob er Hilfe braucht, damit er sich wieder beruhigt, oder Freiraum oder ein paar aufmunternde Worte.

Ich hasse dich! Ich hasse dich!

Ein Teenager, der wütend ist, kann Redebedarf haben. Er schleudert seine Schulsachen auf den Boden, macht den Kühlschrank auf, schaut kurz rein und wirft die Tür angewidert zu. Untertreiben Sie zum Auftakt des Gesprächs (»Sieht aus, als hättest du einen harten Tag gehabt«). Hören Sie ihm zu, während er alles bei Ihnen loswird. Damit zeigen Sie

1
»Süße, rede doch mit uns!«
2
»ICH HASSE EUCH ALLE BEIDE!«
»UND DICH HASSE ICH AUCH, RUFUS!«
3
»DIESER RASEN-MÄHER IST TOTAL #@%*!«
4
»DIESES BESCHEUERTE AUTO! DIE FARBE IST BESCHEUERT! SELBST DIE REIFEN SIND BESCHEUERT!«

HÄUFIGE TROTZREAKTIONEN VON TEENAGERN:

1. Eisernes Schweigen als Bestrafung
2. »Ich hasse dich«-Kommentare
3. Extra-vulgäre Ausdrucksweise
4. Gefühlsausbrüche

¡VIVA LA REVOLUCIÓN!:

Eine der unerfreulichsten Eigenschaften von Teenagern ist ihr Bedürfnis zu rebellieren.

ihm, dass Sie seine starken Gefühle aushalten können. Bieten Sie ihm Gesprächseinstiege. Wenn er zu erzählen beginnt, können Sie zuhören, wie er Dampf ablässt und ihm dann, wenn er empfänglich dafür ist, helfen, das Problem zu lösen.

Aber wie reagieren Sie, wenn Ihr Kind schimpft, flucht und »Ich hasse dich!« schreit? Darauf haben Eltern keine Lust. Aber, ob Sie es glauben oder nicht, oft ist das eine versteckte Art, um Hilfe zu bitten. Vor allem jüngere Teenager neigen dazu, »Ich hasse dich!« zu brüllen, wenn sie frustriert sind.

- Denken Sie jetzt nicht daran, dass Sie verletzt sind, sondern versuchen Sie, der Ursache auf den Grund zu gehen. Eltern wissen, dass ihre Kinder sie nicht grundsätzlich hassen, sondern dass sie eher etwas hassen, das vorgefallen ist.
- Reagieren Sie mit »Hört sich so an, als ob du sauer auf mich bist«, und fragen Sie dann nach den Einzelheiten.
- Gibt es etwas, bei dem Sie Ihrem Kind zustimmen können? Wenn ja, können Sie das dazu nutzen, die Dynamik der Konfrontation zu durchbrechen und zurück auf dieselbe Seite zu gelangen.
- Reagieren Sie nicht ebenfalls mit Beleidigungen oder Gebrüll.
- Geben Sie nicht nach, wenn Ihr Kind mit »Ich hasse dich!« auf eine Grenze reagiert, die Sie gesetzt haben. Das verstärkt nur sein unangemessenes Verhalten.

Die Gefahren von obszöner Sprache

Erinnern Sie Ihren Teenager an die Familienregeln, wenn er Schimpfwörter verwendet. Sie sind nicht sein Fußabstreifer. Aber lassen Sie sich auch nicht in einen Brüllwettstreit ziehen. Beleidigungen drücken in der Regel Wut aus, hinter der sich eine tiefere Verletzung verbirgt – meist geht es um eine Sache, die irgendwie mit Fairness zu tun hat.

[1] Steigen Sie ein mit: »Hört sich so an, als ob du sauer bist.«

[2] Erzählt Ihr Kind dann, dass der Lehrer es zum Nachsitzen verdonnert hat, können Sie weiterfragen: »Klingt, als ob du das nicht fair findest?« Das öffnet häufig die Schleuse zu einem Gespräch.

[3] Wenn Ihr Kind erst einmal spricht, haben Sie eine bessere Chance, ihm die Unterstützung zu geben, die es braucht, um mit seinen Gefühlen klarzukommen. Sie können nachhaken: »Ich frage mich, ob dich das verletzt hat.« Helfen Sie Ihrem Teenager mit Understatement und Beobachtungen, seine Gefühle in Worte zu fassen.

[4] Beschimpft Sie Ihr Teenager weiter mit vulgären Ausdrücken, können Sie den Streit vorerst abbrechen: »Ich will mit dir reden, aber nicht, wenn du fluchst. Lass uns in einer Stunde weiterreden.« Falls Ihr Kind regelmäßig Schimpfwörter verwendet, sollten Sie bereit sein, ihm konkrete Konsequenzen aufzuzeigen, z. B. dass Sie bestehende Freiheiten streichen.

Emotionale Ausraster:

Wenn es kein Zurück gibt

Tickt Ihr Teenager emotional aus, ist der Punkt erreicht, an dem es kein Zurück mehr gibt. Dann hilft auch keine noch so große Empathie, dann kann ihn niemand mehr beruhigen – auch Sie nicht. Er muss einfach seinem ganzen Ärger mit Schreien und Stampfen Luft machen und allen, die ihm über den Weg laufen, mitteilen, dass er angepisst ist. Das bedeutet aber nicht, dass Sie ihm dabei zuhören müssen.

[1] Verwenden Sie eine »Ich-Botschaft«, z. B.: »Es fällt mir schwer, dir zuzuhören, wenn du herumbrüllst.«

[2] Geben Sie ihm dann eine klare Anweisung: »Geh in dein Zimmer [wirf ein paar Bälle/schreib in dein Tagebuch]. Wir können reden, wenn du dich wieder beruhigt hast.« Das gibt Ihnen beiden eine Auszeit, in der Sie Ihre Gefühle wieder in den Griff kriegen können, bevor Sie versuchen herauszufinden, was gerade passiert ist. Wenn Sie keine räumliche Distanz schaffen, kann es sein, dass Ihr Teenager Ihre Wut und Energie auf dieselbe Weise nutzt wie ein Hurrikan das Wasser: Seine Wut erhält Nahrung aus Ihren hochkochenden Emotionen und wird so lange größer und größer, bis Sie beide die Bodenhaftung verlieren.

[3] Sind Sie erst einmal in diese Spirale negativer Gefühle geraten, ist es am besten, wenn Sie das Zimmer verlassen und versuchen, Ihre Fassung wiederzugewinnen. Atmen Sie tief durch, öffnen Sie die geballten Fäuste, entspannen Sie Ihre Gesichtsmuskulatur und lassen Sie die Schultern sinken. Damit zeigen Sie Ihrem Sohn, wie man sich beruhigt! Bloß blöd, dass er gerade damit beschäftigt ist, seine Schulbücher in den Raum zu pfeffern und es nicht mitbekommt.

[4] Denken Sie daran, dass Teenager, die mitten in einem Wutanfall stecken, nicht auf kognitive Fähigkeiten zurückgreifen können. Erst hinterher können Sie ihm helfen, Wege zu finden, wie er beim nächsten Mal anders mit der Situation umgehen kann.

[5] Sobald Sie wieder miteinander sprechen, können Sie ihn ermutigen, die genaue Ursache für seine Wut oder seine Angst herauszufinden oder zu benennen, damit Sie beide verstehen, was sie ausgelöst hat. Damit können Sie gegebenenfalls auch feststellen, ob seine Wut oder Gereiztheit das Symptom für eine Depression sein könnte.

Wenn die F-Bombe einschlägt:

In Deckung gehen!

Kids lassen heute die F-Bombe fallen, ohne auch nur rot zu werden. Viele benutzen das F-Wort und andere Wörter, die man im Fernsehen mit einem Piepton überspielen würde, ohne jede Scham oder Gedanken an die, die in ihrer Nähe stehen. Sie fluchen lautstark neben älteren Menschen, kleinen Kinder und jedem, der in Hörweite ist.

Fluchen und vulgäre Ausdrücke sind Teil der Teenagersprache geworden, vor allem, weil die kulturellen Standards lockerer geworden sind. Viele Teenager fühlen sich anfangs rebellisch und cool, wenn sie »schlechte« Sprache verwenden und so mit den Gleichaltrigen mithalten oder sie übertrumpfen wollen. Sie glauben, dass sie damit älter wirken. Später wird dann eine Gewohnheit daraus.

Lassen Sie erst gar nicht zu, dass sich diese Manier bei Ihrem Kind einschleicht. Wenn es erst einmal so weit ist, haben sich diese Sprechmuster so weit verfestigt, dass der Jugendliche gar nicht mehr merkt, welchen schlechten Eindruck er hinterlässt. Oder er merkt es zu spät, erst wenn die vulgären Ausdrücke bereits ausgesprochen sind.

[1] Führen Sie ein Gespräch und legen Sie die Standards fest. Wenn Sie selbst Schimpfworte und Beleidigungen benutzen, wird es Ihr Kind mit Sicherheit ebenfalls tun. Falls Ihnen in der Hitze des Gefechts etwas herausrutscht, entschuldigen Sie sich, dass die Worte unangemessen waren, so wie Sie sich nach einem Beinahe-Autounfall auch bei Ihren Beifahrern entschuldigen würden.

[2] Bringen Sie Ihren Kids andere Worte und Wendungen bei. Statten Sie sie mit einer präzisen Sprache aus, auf die sie stolz sein können. Bringen

Sie ihnen bei, sich mit Worten zu wehren. Ein treffsicherer Satz ist oft ein besserer »Schlag« als ein abgenutztes Schimpfwort.

[3] Durchbrechen Sie das Muster. Schaffen Sie ein Bewusstsein, damit Ihre Tochter ihre Angewohnheit bemerkt. Und sich das F-Wort verkneifen kann, wenn sie ihre Oma besucht – wenn sie es schon unter Gleichaltrigen benutzen muss. Richten Sie eine Bußgeldkasse ein, in die sie jedes Mal 50 Cent zahlen muss, wenn sie ein Schimpfwort verwendet. Sie können Ihre Tochter auch mit längerer Ausgehzeit, einem höheren Taschengeld oder mehr Benzingeld belohnen, wenn sie einen Tag oder ein Wochenende lang nicht in alte Gewohnheiten zurückfällt.

Düstere Stimmung:

Anzeichen für eine Teenager-Depression

Wie wir gesehen haben, ist es ganz normal, dass Teenager emotionaler sind als Kinder in früheren Entwicklungsstufen. Und es ist genauso normal für Jugendliche, sich abzugrenzen und sich von den Eltern zurückzuziehen. Aber ein völliger Rückzug ist nicht normal.

Es gibt viele Faktoren, die zu zusätzlichem Stress im Leben eines Teenagers führen können: schulischer oder sozialer Druck, Lernstörungen, Mobbing, Scheidung oder familiäre Probleme. Manche Kinder sind einfach eine Zeit lang niedergeschlagen. Aber die Eltern müssen so viel über Depressionen bei Jugendlichen wissen, dass sie den Unterschied zwischen einem vorübergehenden Blues und einer ernsthaften Verstimmung, die professioneller Intervention bedarf, unterscheiden können.

Die gute Nachricht lautet: Die meisten psychischen Themen sind sehr gut behandelbar, vor allem, wenn sie frühzeitig diagnostiziert und therapiert werden. Ergreifen Sie die Initiative und machen Sie einen

Termin bei Ihrem Kinderarzt oder dem Schulpsychologen. Falls sich Ihr Teenager weigert, erklären Sie ihm, dass Sie den Termin vereinbart haben, weil Sie wollen, dass er jemanden außerhalb der Familie hat, mit dem er frei und offen sprechen kann.

Manche Jugendlichen sind sehr verschlossen, was ihre emotionale Situation betrifft. Oft sind das die Kinder, die einen besonders starken Druck verspüren, »perfekt« zu sein. Depressionen und Angststörungen können weitgehend unsichtbar für den beiläufigen Betrachter sein. Zu den Anzeichen gehören:

- ein weitgehender Rückzug von Familie, Freunden und Interessen, der länger als zwei Wochen dauert.
- Veränderungen im Ess- oder Schlafverhalten (zu viel Schlaf, Albträume oder unruhiger Schlaf).
- Veränderungen im Freundeskreis, in Aussehen und Persönlichkeit.
- risikofreudiges Verhalten, einschließlich sexueller Aktivitäten und Drogenmissbrauch.
- Müdigkeit, Konzentrationsstörungen, Abrutschen der Noten, Heulkrämpfe, Gereiztheit, Schule schwänzen, Nägel beißen, Ritzen und das Vermeiden bestimmter Situationen.
- körperliche Beschwerden (einschließlich Bauch- und Kopfschmerzen).

***EXPERTENTIPP:** Für Eltern ist Ritzen oder Selbstverletzung erschreckend. Sie haben oft Angst, dass dieses Verhalten ein Anzeichen für Selbstmordgedanken sein könnte. Im Allgemeinen geht es beim Ritzen um den Schmerz. Wenn Teenager einen intensiven emotionalen Schmerz empfinden, können sie diesen durch Ritzen oder riskantes Verhalten auf die körperliche Ebene übertragen. Normalerweise denken Teenager, die sich selbst verletzen, nicht an Selbstmord. Dennoch sollten Sie Kontakt mit Ihrem Arzt aufnehmen, damit er die Situation einschätzen kann.*

TEENAGER-BLUES: Jugenddepressionen sollten ernst genommen werden.
1
2
3
6
4
5
ANZEICHEN FÜR JUGENDDEPRESSION
1 Rückzug von der Familie
2 Ritzen
3 Risiken eingehen
4 Abrutschen der Noten
5 Heulkrämpfe

Therapeuten arbeiten oft mit den Eltern daran, die Kommunikationsfähigkeiten zu verbessern, Vertrauen neu aufzubauen, Grenzen und klare Regeln aufzustellen und ihre Einhaltung durchzusetzen und für Struktur und Routine zu sorgen. Abhängig von der jeweiligen Situation können Ihrem Kind Psychotherapie (Gesprächstherapie) oder Medikamente oder beides verordnet werden.

EXPERTENTIPP: *Wie reagieren Sie richtig, wenn Ihr Kind sagt: »Ich bringe mich um, wenn …« oder »Es wäre besser, wenn ich tot wäre«? Am wichtigsten ist, dass Sie alles stehen und liegen lassen, womit Sie gerade beschäftigt sind. Antworten Sie ruhig: »Das ist eine harte Aussage. Erzähl mir bitte, was in dir vorgeht. Was meinst du damit?« Bitte nehmen Sie Ihren Teenager ernst, machen Sie keine Scherze darüber. Falls Sie sich unsicher sind, was Sie unternehmen sollen, rufen Sie Ihren Arzt an.*

Eine Anmerkung zu Waffen: Man schätzt, dass es in circa einem Drittel aller amerikanischen Haushalte Waffen gibt. Der Zugang zu einer Waffe gilt als das größte Risiko bei Teenager-Suiziden, insbesondere bei männlichen Jugendlichen.

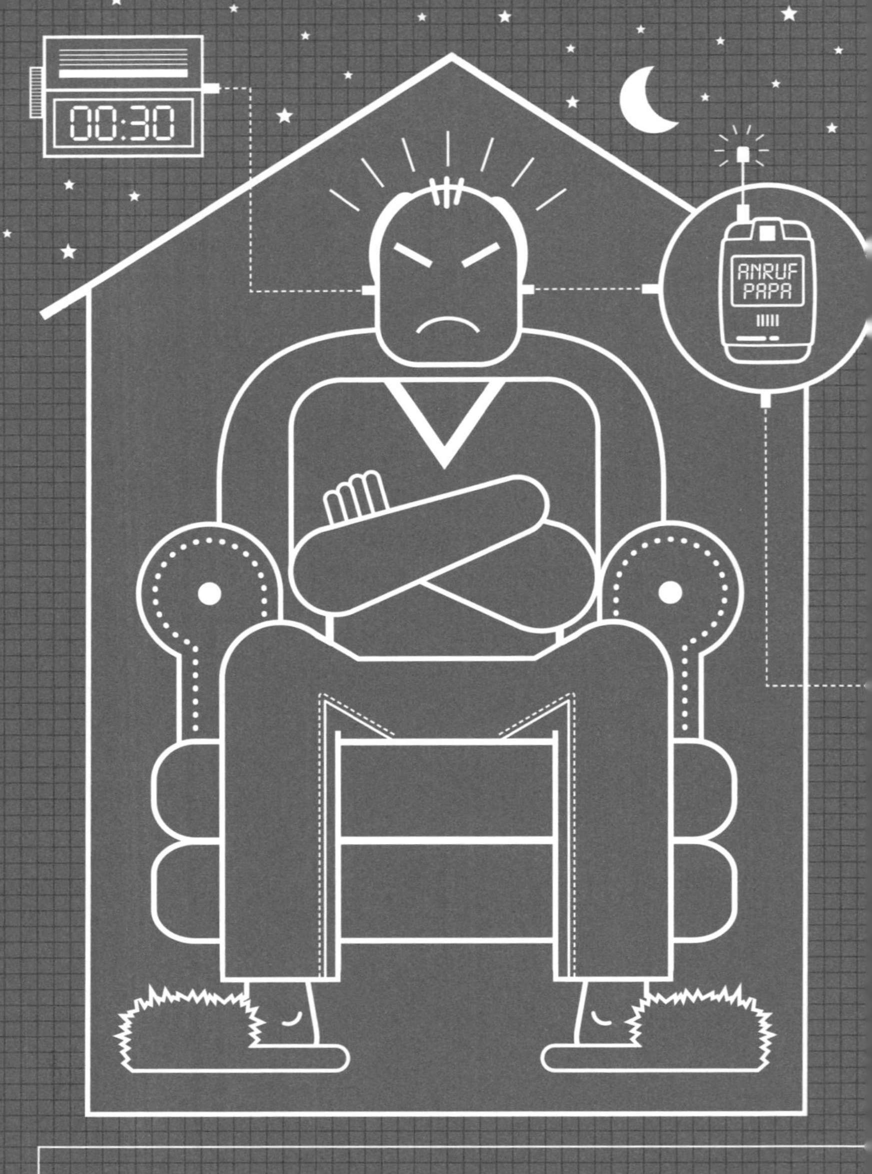
00:30
ANRUF
PAPA

[Kapitel 6]

Sparringspartner:

Das Austesten der Grenzen und die Unabhängigkeit

Aufsässige Teenager treiben ihre Eltern in den Wahnsinn. Der Streit, wer was bestimmen darf, kocht über. Die Stimmung ist aufgeheizt. Beschuldigungen fliegen hin und her. Schuldgefühle und schlechtes Gewissen mischen sich in die Diskussion. Alles andere als ein Spaziergang.

Trotzdem ist eine offene Aufsässigkeit bei Teenagern eher selten. Brechen sie Regeln, versuchen die meisten Jugendlichen, den Ball flach zu halten. (»Oh, dann muss ich vergessen haben, dir zu sagen, dass wir uns zwar bei Amy treffen, aber dann zu John weiterziehen. Habe ich dir das nicht erzählt? Oh, tut mir leid.«) Den meisten Kindern ist familiärer Frieden lieber, aber sie wollen sich auch abgrenzen und größere Unabhängigkeit von ihren Eltern. Sehr viele Teenager meistern diese Aufgabe ohne größere Probleme, aber bei manchen ist der Weg holperiger. Es ist der Job Ihres Kindes, mehr Freiheit, mehr Kontrolle über die Entscheidungen und mehr Verantwortung anzustreben und einzufordern. Und es ist Ihr Job als Eltern, es dabei zu unterstützen, dieses Ziel sicher zu erreichen.

Alles läuft darauf hinaus, dass Sie immer noch die Verantwortung haben, Ihrem Kind Grenzen zu setzen, bis es selbst genügend Urteilsfähigkeit, Reife und Erfahrungen gesammelt hat, das selbst zu übernehmen. Bis dahin wollen Sie, dass Ihr Teenager weiß, dass Sie im selben Team sind. Und Sie wollen sehen, dass er Ihr Vertrauen und die Freiheiten, die damit einhergehen, verdient.

Familienregeln und Grenzen

Ihre Familienregeln sind das Fundament, auf dem Ihr Jugendlicher innerhalb und außerhalb der Familie agiert. Es ist wichtig, dass diese Regeln klar ausgesprochen sind:

[1] Erklären Sie zu Beginn jedes Schuljahrs und jeder Sommerferien die Regeln für Ausgehzeiten, Hausaufgaben, Computerzeit, Auto fahren, Aufgaben im Haushalt und so weiter.

[2] Diskutieren Sie diese Regeln mit Ihrem Teenager, damit er Fragen stellen kann und Sie die Gründe für die jeweilige Regel erläutern können.

[3] Sprechen Sie an, welche Konsequenzen es hat, wenn die Regeln gebrochen werden. Sie müssen nachvollziehbar und dem Verstoß angemessen sein.

[4] Setzen Sie die Regeln fair und konsequent durch.

Wahrheit und Konsequenzen

Sprechen Sie bei Regelverstößen auf keinen Fall unüberlegte Strafen aus. Wenn Sie sich auf die Schnelle oder in der Hitze des Gefechts Konsequenzen ausdenken, wirken Ihre Entscheidungen willkürlich und schlimmer noch wie die Folge Ihrer momentanen Wut.

»Du hast bei der Chemieprüfung geschummelt?! Du hast Hausarrest bis zum Ende des Schuljahrs!« Es ist fast unmöglich, dass Sie diese Strafe durchhalten, weil der Zeitraum viel zu lang ist. Darüber hinaus wird sie Ihr Kind als Bestrafung für seine Offenheit empfinden. Natürlich machen sich alle Eltern Sorgen über einen solchen Vorfall. Aber Eltern, die wütend sind, sind oft Eltern, die Angst haben, und Eltern, die Angst haben, treffen oft spontane Entscheidungen, die nicht gut durchdacht sind. Wenn Sie sich nicht sicher sind, wie Sie eine angemessene Konsequenz verhängen, sagen Sie Ihrem Kind, dass Sie darüber nachdenken müssen und dass Sie später, wenn Sie etwas Abstand haben, mit ihm darüber sprechen werden.

①

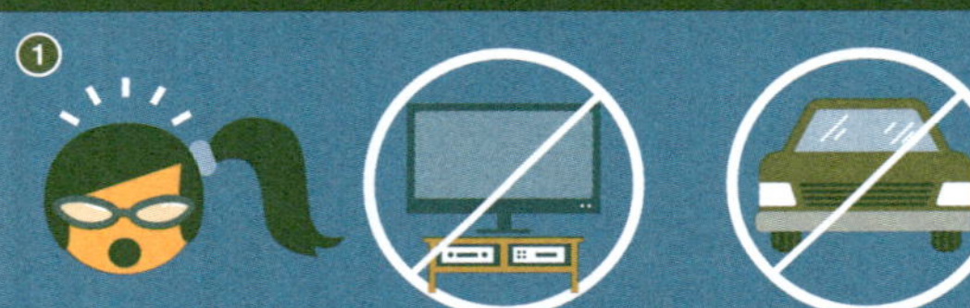

②

»Wenn deine Mutter ›ja‹ gesagt hat, kannst du gehen.«

»Ich denke es ist o.k., wenn dein Vater keine Einwände hat.«

»Alle dürfen! Für Mama ist es o.k. Darf ich bitte gehen!«

»Brandon darf auch hin! Außerdem hat Papa gesagt, dass es für ihn passt. Also darf ich?«

③

④

EIN PAAR TIPPS, DAMIT SIE SICH WEITER VON DER BESTEN SEITE ZEIGEN:

① Der Verlust alltäglicher Freiheiten ist immer eine gute Motivation.

② Verhindern Sie Dreiecksbildung durch gute Kommunikation.

③ Üben Sie positive Bestärkung.

④ Sorgen Sie für einheitliche Ausgehzeiten.

AUSWECHSEL-SPIELER:

Haben Sie das Gefühl, gegen Ihr Kind an Boden zu verlieren, übergeben Sie den Stab an Ihren Mann.

Falls es aber bereits eine Regel gibt, müssen Sie sich nur auf diese beziehen und die Konsequenz für den Regelverstoß in Kraft setzen. Kommt Ihr Kind beispielsweise nach der vereinbarten Sperrstunde nach Hause, müssen Sie nur sagen: »Es tut mir leid, dass du dich nicht an unsere Verabredung gehalten hast. Aber da du zu spät heimgekommen bist, kannst du dir am Wochenende nicht das Auto ausleihen.«

Manche Regeln sind nicht verhandelbar, so wie Fahren mit Alkohol oder als Beifahrer im Auto eines alkoholisierten Fahrers mitfahren, andere Regeln können ausgehandelt werden. Wenn sich Ihr Teenager Ihren Respekt und Ihr Vertrauen verdient hat, können Sie die Leine lockerer lassen und die Ausgehzeit um dreißig Minuten verlängern oder ihm mehr Handyzeit zugestehen.

Der Vollstrecker

Die wichtigste Regel, die Sie nie vergessen dürfen: Behalten Sie die Grenzen, die Sie gesetzt haben, bei. Ziehen Sie die Konsequenzen willkürlich, wird sich Ihr Kind nicht sicher sein, ob die Regeln legitim sind. Halten Sie die Liste der Regeln kurz und einfach (niemand kann sich an eine komplizierte Regel erinnern) und konzentrieren Sie sich auf die nicht verhandelbaren Grundregeln, die für die Sicherheit Ihres Teenagers sorgen.

- Hausarrest, Verlust von Freiheiten und Enttäuschung der Eltern. Das Gespenst elterlicher Enttäuschung reicht für manche Kinder, damit sie das Richtige tun. Ist Ihr Kind aber für die Taktik »Ich bin enttäuscht von dir« nicht empfänglich, müssen Sie einen nachvollziehbaren Rahmen für Bestrafungen wie den Entzug von Freiheiten oder Hausarrest schaffen, um die Grenzen durchzusetzen.

- Betonen Sie das Positive. Sie können auch ein System positiver Verstärkung aufbauen, in dem Sie Ihren Jugendlichen belohnen, wenn er das erwartete Verhalten zeigt.
- Stellen Sie einen Auswechselspieler auf. Viele Kinder belagern ein schon ausgelaugtes Elternteil, wenn sie eine bestehende Regel oder eine Vereinbarung ändern oder ausweiten wollen. Falls Sie das Gefühl haben, an Boden zu verlieren, rufen Sie Ihren Mann, damit er die Durchsetzung der Regeln übernimmt. Aber fallen Sie nicht in die immer wieder selben Good-Cop- versus Bad-Cop-Rollen.
- Verhindern Sie eine Dreieckskonstellation. Passen Sie auf, dass Ihr Kind Sie nicht in typischen Dreieckssituationen gegeneinander ausspielt, um zu erreichen, was es will. Klären Sie mit Ihrer Frau, was sie wirklich gesagt hat.
- Vermeiden Sie große Diskussionen. Teenager kennen die Schwachpunkte ihrer Eltern und nutzen sie gnadenlos für ihre eigenen Zwecke. Halten Sie sich an Ihre Regeln, bleiben Sie beim Thema. Lassen Sie nicht zu, dass Ihr Kind von seinem Regelbruch ablenkt, indem es immer neue Diskussionspunkte ins Spiel bringt.
- Setzen Sie feste Ausgangszeiten. Legen Sie die Uhrzeit fest, zu der Ihr Kind, abhängig von seinem Alter, seiner Reife und den lokalen Bestimmungen, zu Hause sein muss.
- Führen Sie nicht jede Auseinandersetzung. Es kann sein, dass temporäre Umstände mehr Flexibilität von Ihnen erfordern. Seien Sie nicht so streng mit ihm, wenn Ihr Sohn gerade eine schmerzhafte Trennung von seiner Freundin hinter sich hat und vergessen hat, den Müll rauszutragen. Sie müssen auch ein Vorbild für Mitgefühl sein, nicht nur für die Durchsetzung von Regeln.

Rausch und Absturz:

Die Risiken von Substanzmissbrauch

Die meisten Eltern wissen, dass Alkohol – vor allem Kampftrinken – eine Rolle im sozialen Leben ihres Teenagers spielen wird. Gefährliches Verhalten wie Drogenkonsum, sexuelle Aktivitäten und Rauchen gehen oft mit dem Trinken einher. Drogenkonsum kann oft jahrelang unerkannt bleiben, ehe den Eltern ein Verdacht kommt. Viele Kids gehen nicht weiter als bis zum ersten Experimentierstadium. Aber nicht alle.

EXPERTENTIPP: *Alkohol ist die am häufigsten von Teenagern und Erwachsenen missbrauchte Substanz. Alkohol dämpft das zentrale Nervensystem – es verlangsamt das Denken und beeinträchtigt das Sehvermögen und die Koordination. Exzessiver Konsum führt zu Bewusstlosigkeit und Tod. Bei fast der Hälfte aller Verkehrstoten ist Alkohol im Spiel. Es trägt zu risikobereitem sexuellem Verhalten bei, zu Vergewaltigungen bei Dates und zu schlechten schulischen Leistungen. Trinken überdeckt oft die darunterliegenden emotionalen Probleme wie Angst, Depressionen sowie Schwierigkeiten in der Schule und in Beziehungen. Was können wir Jugendlichen also über das Trinken sagen? Wir erklären ihnen, dass Alkohol eine Droge ist und dass sie mit der Zeit lernen müssen, mit dieser Droge verantwortungsvoll umzugehen. Aber das Entscheidende ist, dass das Trinken bei unter Sechzehn- bzw. Minderjährigen illegal ist. Sie können verletzt werden, und sie können ihren Führerschein verlieren.*

Gut vorbereitet

Sie müssen Ihren Teenager unbedingt rüsten, bevor er sich in das Partyleben stürzt. Sprechen Sie mit ihm über die kurzfristigen und langfristigen Risiken beim Ausgehen und zeigen Sie ihm alle Möglichkeiten auf, wie er reagieren kann, falls er in eine prekäre Situation gerät.

[1] Seien Sie ein Vorbild bei Alkohol und Drogen. Was Ihr Teenager zu Hause erlebt, hat den größten Einfluss auf sein Verhalten. Wenn Sie selbst freigiebig konsumieren, vermitteln Sie ihm den Eindruck, dass er das auch darf. Wenn Sie jeden Tag nach der Arbeit ein Glas Wein oder Bier trinken, leben Sie vor, dass Alkohol ein akzeptabler Weg im Umgang mit Stress ist. Wenn Sie immer reichlich Bier, Wein und harte Spirituosen zu Hause haben, senden Sie die Botschaft, dass diese Substanzen harmlos sind.

[2] Sprechen Sie über die Risiken und die Attraktivität von Alkohol und Drogen. Antworten Sie ehrlich, wenn Ihr Teenager wissen will, ob Sie getrunken oder Drogen genommen haben, als Sie jung waren. Aber versuchen Sie, im Gespräch herauszufinden, warum er das wissen will. Sie können darauf wetten, dass er neugierig ist, weil er es in der Schule oder seinem sozialen Umfeld erlebt hat.

[3] Finden Sie etwas über den Substanzmissbrauch unter seinen Freunden oder in der Schule heraus. Stellen Sie sicher, dass er die rechtlichen Konsequenzen von Alkoholkonsum oder Substanzmissbrauch bei Minderjährigen kennt.

[4] Sprechen Sie über die körperlichen Konsequenzen von Substanzmissbrauch. Viele Mädchen erschrecken, wenn sie entdecken, wie viele Kalorien in nur einer Flasche Bier stecken. (Genug, um sie zu Antialkoholi-

kerinnen zu machen!) Die meisten Teenager sind ernüchtert, wenn sie hören, was verschiedene Substanzen im Gehirn und anderen Organen anrichten.

[5] Legen Sie Regeln für Partybesuche fest. Bieten Sie Ihrem Kind eine Hintertür aus gefährlichen Situationen. Die meisten Eltern haben eine »Es werden keine Fragen gestellt«-Rettungsregel. Gerät ihr Kind auf einer Party in eine Situation, in der es überfordert ist, kann es zu Hause anrufen und wird sofort abgeholt, ohne dass es etwas erklären muss.

[6] Verabschieden Sie Ihren Teenager, bevor er ausgeht, mit Worten wie: »Du bist clever. Ich weiß, dass du gute Entscheidungen treffen wirst. Du kannst mich jederzeit anrufen, wenn du willst.« Diese Worte bestätigen erneut Ihre Familienregeln: »Ich weiß, wo du bist. Ich vertraue darauf, dass es dir gut geht, und du kannst jederzeit zu mir kommen.«

[7] Stellen Sie sicher, dass sich Ihr Teenager, wenn er heimkommt, immer persönlich bei Ihnen zurückmeldet, egal, wie spät es ist. Wenn er weiß, dass Sie noch wach sind und auf ihn warten – und Alkohol oder Zigaretten sofort riechen –, bremst es mögliches Fehlverhalten schon deutlich aus.

[8] Sie sollten die Warnsignale für möglichen Substanzmissbrauch kennen: Ihr Teenager stiehlt zu Hause Geld oder Alkohol, hält sich nicht an die Ausgehzeiten und weigert sich, Ihnen seine neuen Freunde vorzustellen. Er bricht mit seinem alten Leben, schwänzt die Schule, bekommt schlechte Noten, geht nicht mehr seinen Hobbys nach, verhält sich defensiv und hat Geheimnisse.

»Nein, danke. Davon bekomme ich so rote Augen.«
»Bist du ein Feigling?«
»Nein, danke. Ich will noch Lisa küssen und will keinen Mundgeruch.«
SAG »NEIN« UND BEHALTE DEINE STREET CREDIBILI

che und Methoden, um Alkohol und Drogen abzulehnen.

EXPERTENTIPP: *Manche Eltern rufen ihre Teenager zu einer vereinbarten Zeit zu einem Rettungscheck an. Fühlt sich das Kind in einer Situation unwohl, kann es erklären, dass seine Eltern angerufen haben und Stress machen und dass es jetzt gehen muss. Die Eltern spielen die Rolle des Buhmanns, damit ihr Kind sein Gesicht wahren kann.*
Damit Ihr Teenager bei der Wahrheit bleibt, können Sie auch ankündigen, dass Sie dort, wo er sich aufhalten will, auf der Festnetzleitung anrufen. (Wenn er wirklich dort ist, wo er gesagt hat, dass er sein wird, muss er sich keine Sorgen machen.) Und nicht zuletzt können Sie Kontakt zu anderen Eltern aufnehmen und sich mit ihnen austauschen.

Wie man »nein« sagt und trotzdem das Gesicht wahrt

Manche Kids wollen nicht mit Drogen, Alkohol oder Sex experimentieren (zumindest nicht zu diesem Zeitpunkt). Aber selbst wenn sie alle Risiken und Konsequenzen kennen, müssen sie immer noch den Mut aufbringen, allen Angeboten zu widerstehen, wenn sie mit ihren Freunden zusammen sind. Hier sind ein paar Ideen, wie Sie Ihrem Jugendlichen helfen können, nicht nachzugeben, das Gesicht zu wahren und weiter zur Clique zu gehören.

- Ihr Teenager kann einfach sagen: »Nein, danke. Für mich nicht.« Die anderen Jugendlichen werden seine lässige Selbstsicherheit respektieren. Wird er weiter bedrängt, kann er dem entgegenhalten: »Das entscheide ich« oder »vielleicht später«.
- Auf »Entspann dich, das machen doch alle«, kann er gelassen mit »Nein, danke. Ich bin gerne anders« antworten. Oder das Klischee als das benennen, was es ist: »Du kommst mir jetzt nicht wirklich mit diesem Spruch?«

- Lassen Sie ihn die Schuld auf die Eltern schieben: »Meine Eltern bringen mich um. Es geht echt nicht.« Oder: »Meine Eltern werden es merken. Sie bleiben immer auf, bis ich zurück bin.« Ob Sie es glauben oder nicht, Kids respektieren den Gedanken, dass Eltern streng und wachsam sind.
- Ihr Teenager kann auf die Toilette gehen und zu Hause anrufen oder eine Textnachricht schicken. Er kann die Situation erklären und sagen, dass er jetzt gleich abgeholt wird. Wenn er sich Sorgen macht, dass man ihn dabei belauscht und er dadurch uncool wirkt, können Sie vorher einen Code vereinbaren. »Hallo, Mama, wie geht es der Katze? Oh, nicht gut? Kannst du mich abholen?«
- Er kann auf eine beginnende Migräne oder einen Magen-Darm-Virus verweisen oder erklären, dass er noch Auto fahren muss.
- Ihr Kind kann es auch mit Humor versuchen. Wird es mit Sprüchen wie »Bist du ein Feigling?« gehänselt, kann es lässig antworten: »Aber hallo! Ich will kein Junkie werden, dem die Zähne ausfallen. Da bleibe ich lieber bei Red Bull und Chips, vielen Dank!«
- Bietet man ihm eine Zigarette an, kann es entgegensetzen: »Nein, danke. Ich will heute noch [Namen des Schwarms] küssen, und da kann ich keinen Mundgeruch gebrauchen.«
- Bietet man ihm Gras an, kann es sagen: »Nein, danke. Davon bekomme ich so rote Augen.«
- Bekommt Ihre Tochter Alkohol angeboten, hat sie die Möglichkeit, so abzulehnen: »Nein, danke. Ich muss diese Woche Antibiotika nehmen.« Sie kann den Drink auch annehmen und in die nächste Pflanze kippen. Oder sie trägt ihn den ganzen Abend als »Requisite« mit sich herum.
- Stellen Sie sich sicher, dass sie immer eine Freundin findet, zu der sie sagen kann: »Ich fühle mich unwohl, lass uns gehen.«

LIZENZ ZUM FAHREN: Legen Sie ein paar strikte Regeln fest, bevor Sie Ihr

4
WERK-
STATT
5
6
nd ans Steuer lassen.

Teenager am Steuer:

Die Regeln der Straße lernen

Autofahren zu lernen ist ein Initiationsritus für Teenager. Aber die Idee, dass ihr Kind circa 1,5 Tonnen Blech steuert und damit mit mehr als 100 Stundenkilometer die Landstraße entlangbrettert, jagt den Eltern Angst ein. Und das mit Recht. Autounfälle sind die häufigste Todesursache bei Teenagern.

Auch wenn Sie Angst haben – Ihr Kind wird seinen Führerschein machen und Autofahren lernen. Schauen Sie sich nach einer geeigneten Fahrschule um, wo ein (sehr gelassener) Fahrlehrer Ihrem Sprössling das Autofahren beibringt.

Hat Ihr Kind die Prüfung bestanden, sollten Sie sichergehen, dass es das Folgende verstanden hat:

- Ablenkung ist die größte Gefahr für jugendliche Autofahrer. Verbieten Sie Ihrem Teenager in den ersten sechs Monaten (oder gar im ersten Jahr), andere Jugendliche als Beifahrer mitzunehmen. Viele Eltern warten, bis ihr Kind mehr Fahrerfahrung hat, ehe sie erlauben, dass andere Kids mitfahren dürfen.
- Telefonieren oder Textnachrichten sind beim Fahren absolut verboten. Bringen Sie Ihrem Kind bei, dass es an einer sicheren Stelle anhält und nur telefonieren oder texten darf, wenn das Auto steht.
- Teenager (und das gilt auch für alle anderen Beifahrer) müssen sich mit dem Sicherheitsgurt anschnallen.
- Verbieten Sie Ihrem Teenager das Autofahren, wenn er müde ist. Viele Jugendliche leiden unter Schlafmangel. Erlauben Sie ihm erst wieder zu fahren, wenn er den Schlaf nachgeholt hat.
- Begrenzen Sie Nachtfahrten. Fahren in der Dunkelheit ist schwieriger als tagsüber, es kann für ungeübte Fahrer eine große Herausforderung sein.

Fahren Sie Ihren Sohn selbst ins Kino, wenn er sich nach Einbruch der Dunkelheit mit seinen Freunden treffen will, um den neuesten Blockbuster zu sehen.

- Bestehen Sie auf der Einhaltung aller Gesetze, vor allem des Tempolimits. Der neue Reiz des Autofahrens kann ein süßes, vernünftiges Kind in einen Rennfahrer verwandeln – auch im Minivan der Familie. Erinnern Sie Ihre Tochter daran, langsam zu fahren. Sie kommt an, wenn sie ankommt.

EXPERTENTIPP: *Denken Sie daran, dass Ihr Vorbild als guter und rücksichtsvoller Fahrer einen großen Einfluss auf das Fahrverhalten Ihres Teenagers hat. Revanchieren Sie sich doch mit einem »Danke«-Handzeichen, wenn ein anderer Fahrer Sie einfädeln lässt. Und setzen Sie den Blinker, wenn Sie die Fahrbahn wechseln. Das ist höflicher und sicherer!*

Geld, Job und Verantwortung:

Das Taschengeld aufbessern

Als Sie ein Jugendlicher waren, fühlte es sich gut an, wenn man für kleine Jobs bezahlt wurde: Hunde ausführen, babysitten, Nachhilfe geben oder Zeitungen austragen. Aber heute werden viele Teenager angetrieben von einem überwältigenden Verlangen nach materiellem Besitz. Nur wenige sind mit dem zufrieden, was sie haben. Ihrem Kind den Umgang mit Geld und Verantwortung beizubringen, ist eine wichtige Aufgabe in einer Zeit, in der so viele Kids glauben, dass sie ein Recht haben auf das, was sie besitzen und das, was sie wollen.

Teenager sind besonders empfänglich für Werbung. Sie wollen so sein wie die anderen Teenager und all die angesagten Sachen besitzen – auf der anderen Seite fehlt ihnen das Verständnis für den Wert

Ermutigen Sie Ihr Kind, einen Job zu suchen, der zu seiner Persönlichkeit passt.

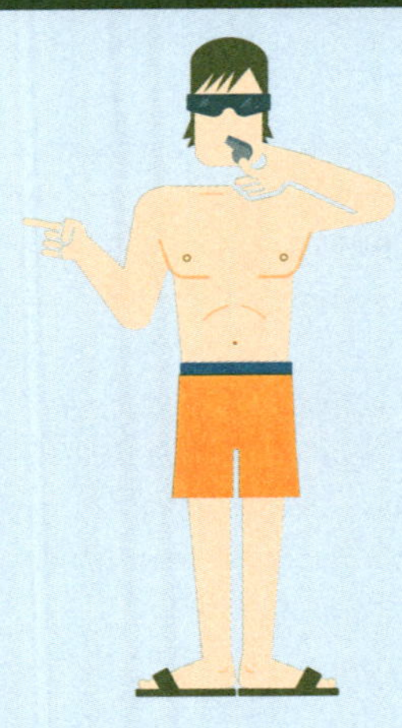

ZUVERLÄSSIG: BADEAUFSICHT

SCHNELL: KELLNERIN

ENGAGIERT: EINZELHANDEL

ORGANISIERT: REGALBEFÜLLER

des Geldes, der starke Wille, Wünsche nicht sofort befriedigen zu müssen oder die Motivation, das Geld »für schlechte Zeiten« zurückzulegen.

[1] Bringen Sie Ihrem Kind bei, wie man mit Geld umgeht. Dazu gehört: Geld verdienen, ein Budget für das Taschengeld führen, nicht mehr Geld ausgeben, als man hat sowie sparen und investieren.

[2] Richten Sie mit Ihrem Teenager ein Sparkonto und ein Girokonto ein und vermitteln Sie ihm die Bedeutung von Sparen versus Geld ausgeben.

[3] Kaufen Sie Ihrem Teenager eine Unternehmensaktie und beobachten Sie gemeinsam, wie sie sich am Aktienmarkt auf und ab entwickelt. Nehmen Sie die Aktie einer Spielzeugfirma oder eines Unternehmens, das zu seinen Interessen passt.

[4] Ermuntern Sie Ihren Jugendlichen, für wohltätige Zwecke zu spenden. Mit etwas Glück kann er Dividenden aus seiner Aktie dafür verwenden, um Bedürftigen zu helfen.

[5] Mithilfe im Haushalt ist kein Job, bei dem man Geld verdient. Ihr Kind muss seine Aufgaben als Mitglied der Familie erledigen – egal, ob es sich um das Füttern der Katze, das Wegbringen von Müll oder Recyclingabfällen oder das Rasenmähen handelt. Den meisten Kindern macht es nichts aus, für ein paar Aufgaben verantwortlich zu sein und sie helfen gerne mit. (Obwohl sich viele einen Kampf mit den Eltern liefern, wenn es um das Sauberhalten des eigenen Zimmers geht.)

[6] Wenn Sie entschieden haben, dass Ihr Kind Taschengeld bekommt, geben Sie ihm dieses am Wochen- oder Monatsanfang. Aber nehmen Sie keinen Einfluss darauf, wie es ausgegeben wird. Und eilen Sie nicht zur Rettung, wenn Ihr Sohn oder Ihre Tochter pleite ist. Kein Geld mehr, um den neuesten James-Bond-Film mit den Freunden anzusehen? Das geht auch noch in der nächsten Woche gemeinsam mit den Eltern. Ihr Kind soll lernen, sich sein Budget klug einzuteilen, weil es bis zur nächsten Woche oder dem nächsten Monat keine weitere Finanzspritze mehr bekommen wird.

[7] Überlegen Sie sich, welche Kosten Sie übernehmen (Schulausgaben, notwendige Kleidung), und was Ihr Kind selbst zahlen soll.

[8] EC- oder Kreditkarten sollten nur Teenager bekommen, die reif genug sind, mit der Verantwortung und der Versuchung umzugehen. Erklären Sie Ihrem Kind, was es bedeutet, kreditunwürdig zu sein und wie Kreditkartenunternehmen versuchen, mit den Überziehungszinsen ihrer Kunden Geld zu verdienen. Manche Unternehmen bieten Prepaid-Karten an, bei denen die Eltern einen bestimmten Betrag auf die Karte einzahlen, so dass das Kind nur das Geld ausgeben kann, das auf dem Konto ist.

[9] Helfen Sie Ihrem Kind dabei, einen Aushilfsjob zu finden, aber stellen Sie sicher, dass diese Stunden nicht auf Kosten der wertvollen Zeit gehen, die es mit Schulaufgaben oder Schlaf verbringen sollte.

Lifestyle-Abenteuer

Teenager nutzen ihre Pubertät, um verschiedene Identitäten auszutesten. (Sportler, Superhirn, Anführer, Mitläufer, Partygirl, Rebell, Aktivist, braves Mädchen, Klassenclown, Individualist, Alphamädchen oder Freigeist ...). Dabei suchen sie sich mal die eine, mal die andere aus.

In dieser Zeit lehnt Ihr Jugendlicher Ihre Einstellungen vielleicht ab und probiert neue für sich aus, ehe er sich von selbst auf seine ursprünglichen Werte zurückbesinnt. Sie können eine Menge Energie sparen, wenn Sie auf die Selbstsicherheit Ihres Teenagers reagieren,

indem Sie einfach zuhören oder vielleicht sogar Spaß an einer lebhaften Debatte haben, sich die Sache aber nicht zu Herzen nehmen.

Legen Sie die Kristallkugel zur Seite und ersparen Sie sich die Sorge, dass es für immer sein wird. Tatsächlich ist es eine gesunde Entwicklung, wenn Jugendliche experimentieren. Bei Teenagern, die sich nicht ausprobieren, kann sich am Ende der Entwicklungsprozess verzögern. Es kann aber auch ein Anzeichen dafür sein, dass der Jugendliche zu viel Verantwortung in der Familie übernommen hat und sich aus diesem Grund nicht seinem Alter entsprechend verhalten kann.

[1] Fragen Sie Ihren Teenager, warum ihm gerade dieser Look gefällt oder was er damit ausdrücken will, wenn er sich plötzlich anders kleidet, als Sie es gut finden. Diskutieren Sie über das Positive und Negative, damit Sie die Motivation verstehen. Vielleicht übernimmt er das Aussehen und die Eigenarten, um sich mit der Musik, die er liebt oder der Persönlichkeit, die er bewundert, identifizieren zu können.

[2] Ihr Teenager muss wissen, dass er für Tattoos oder Piercings Ihre Erlaubnis braucht. Die Regeln für diese permanenten Eingriffe müssen Sie als Eltern bereits im Vorfeld aufstellen.

EXPERTENTIPP: *Sich ausschließlich vegetarisch zu ernähren, kann die gesunde Entscheidung eines Tierliebhabers sein, aber es kann möglicherweise auch ein Zeichen für eine Essstörung sein, die es dem Teenager ermöglicht, sich zu stark mit der Ernährung und der Reduzierung von Kalorien zu beschäftigen.*

IDENTITÄTEN, DIE TEENAGER AUSPROBIEREN:
1 Partygirl
2 Freigeist
3 Sportler
4 Superhirn
5 Aktivist
2
1
MEIN KIND IST EINE MULTIPLE PERSÖNLICHKEIT:

Es ist normal und gesund, wenn Ihr Teenager mit verschiedenen Identitäten und Kleidungsstilen experimentiert.

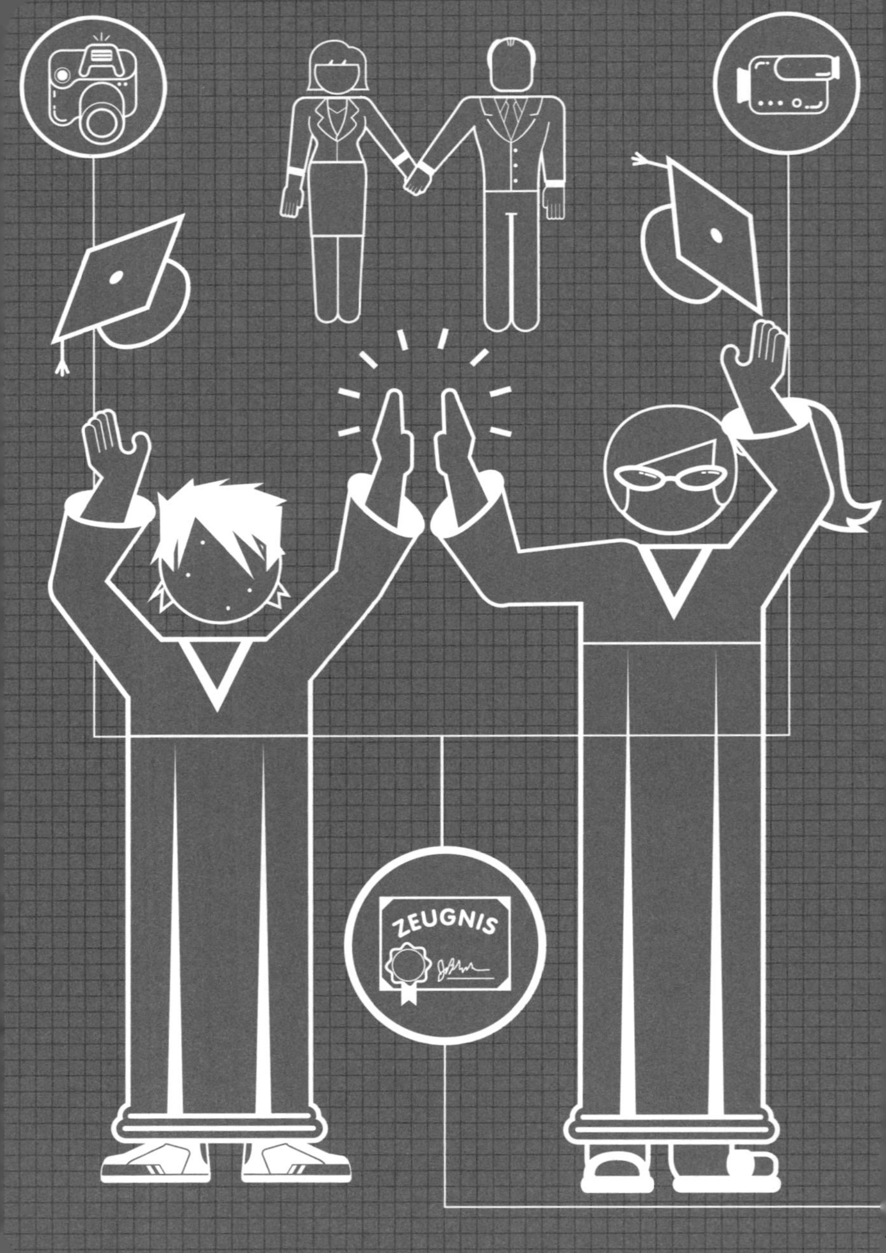
ZEUGNIS

[Kapitel 7]

Schulabschluss:

Raus aus dem Nest. Was kommt dann?

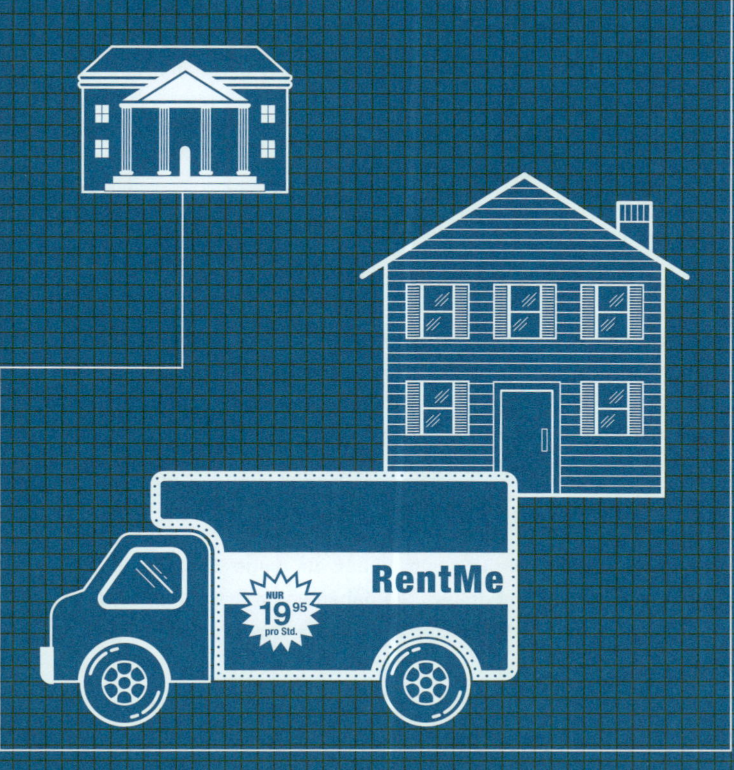

Mit dem ersten Atemzug unserer Babys beginnt ihre lange Reise in die Unabhängigkeit. Das ist der Lauf der Dinge. Kinder entwickeln sich und bauen ihr eigenes Leben auf.

Als Eltern haben Sie ungefähr achtzehn Jahre Zeit, um Ihr Kind darauf vorzubereiten, das Nest zu verlassen. Und wenn es so weit ist, werden Sie sich fragen:

- Ist meine Tochter unabhängig genug?
- Habe ich ihn zu sehr verwöhnt?
- Wird sie sicher sein?
- Weiß mein Sohn, was zu tun ist, wenn er Herausforderungen meistern muss, die größer sind als alle, denen er sich bislang stellen musste?
- Wie ist ihre Resilienz?
- Hat er genug Selbstvertrauen?
- Wird sie gute, gesunde, liebevolle Beziehungen haben?
- Ist er clever genug?
- Kann sie mit ihrem Geld umgehen?
- Weiß er, wie man Wäsche bleicht oder wie lange man Nudeln kocht?

Es gibt so vieles, was man seinen Kindern in der relativ kurzen Zeit beibringen muss, aber Sie müssen darauf vertrauen, dass Ihr Kind klug ist und genügend Ressourcen mitbringt, um die Herausforderungen, die ihm begegnen, mit seinen einzigartigen Fähigkeiten zu meistern. Oder, dass es genügend Handyguthaben hat, um Sie anzurufen, wenn es Hilfe braucht.

Manche Kinder tun sich schwer und mauscheln sich so durch, aber viele andere überraschen uns und blühen als junge Erwachsene mehr auf, als wir es je erwartet hätten. Sie haben keine Kristallkugel, die Ihnen verrät, auf welche Weise Ihr Kind seinen Weg gehen wird, aber vermutlich liegt er irgendwo dazwischen. Das Beste, was Sie tun können, ist, weiterhin ein offenes Ohr zu haben, auf Fragen wohlüberlegt

zu antworten und sich ansonsten herauszuhalten – und immer Liebe und Ermutigung zu zeigen. Es ist wichtig, dass Ihr Kind sich kompetent und optimistisch fühlt und Sie es dabei unterstützen. Wenn Sie Ihrem Kind zeigen, egal, ob unausgesprochen oder ausgesprochen, dass Sie davon überzeugt sind, dass es großartig, klug und verantwortungsvoll ist, und dass es bereit ist, die Welt zu erobern, stärken Sie ihm den Rücken.

Was Sie erwartet, wenn Sie darauf warten, dass Ihr Kind auszieht

Es ist eine große Veränderung für die Geschwister wie für die Eltern, wenn ein Kind sein Zuhause verlässt. Selbst das Haustier muss sich daran gewöhnen, dass Ihr Sohn oder Ihre Tochter nicht mehr da ist. Die, die zurückbleiben, müssen sich neu organisieren und ähnliche, aber doch etwas veränderte, Beziehungen eingehen. Diese Zeit der Neuausrichtung kann schwierig sein.

Darauf müssen Sie sich einstellen:

Emotionale Verunsicherung. Sie haben so viel Liebe, Aufmerksamkeit und Energie in Ihre Elternrolle gesteckt, dass Sie vielleicht emotional nicht auf diesen Moment vorbereitet sind. Gestehen Sie sich zu, dass Sie eine Zeit lang aus dem Gleichgewicht geraten.

Tränen. Stellen Sie sich auf Trauer ein. Ihr Kind beginnt ein neues Leben, aber Sie erinnern sich so gut an das alte: die Babyjahre, der erste Tag im Kindergarten, der Tag, an dem Ihre Tochter schwimmen lernte, das Jahr, in dem sie eine Spange bekam, als sie in die Fußballmannschaft aufgenommen wurde oder der Sommer, den sie im Ferienlager verbrachte. Jetzt ist Ihr Kind beinahe erwachsen, und ein Kapitel in Ihrem Leben schließt sich. Nehmen Sie einen Stapel Taschentücher für die Heimfahrt mit, wenn Sie Ihr Kind am Studienort abliefern.

Euphorie. Manche Eltern freuen sich über die Aussicht auf ein leeres Nest. Sie renovieren sofort das Kinderzimmer und machen das Arbeitszimmer, den Fitnessraum oder das Gästezimmer daraus, von dem sie schon immer geträumt haben. Sie konzentrieren sich wieder auf ihre Rolle als Paar. Andere stecken die zusätzliche Zeit und Energie in die Karriere oder in Projekte, für die die Zeit bisher nie gereicht hat.

Orientierungslosigkeit. Vor allem wenn Sie Vollzeit-Mutter oder Vollzeit-Vater waren, kann es sich anfühlen, als hätten Sie Ihren Anker verloren, wenn Sie sich nicht mehr um Ihr Kind kümmern müssen. Ihnen fehlt der Sinn des Lebens. Vielleicht hilft es Ihnen, einen Hund oder eine Katze zu adoptieren, damit Sie etwas haben, worauf Sie sich konzentrieren können. (Nichts fordert mehr Ihre Aufmerksamkeit als ein wilder Welpe beim Hundetraining.) Im Idealfall bereiten Sie sich langsam auf den Tag der Tage vor und fangen schon im Laufe der Pubertät einen Job, ein Projekt oder ein Hobby an, das Ihnen Spaß macht.

Sorgen. Sie werden nie wirklich aufhören, sich Sorgen um Ihr Kind zu machen. Aber obwohl Sie vielleicht am liebsten einen Schlafsack auf dem Fußboden im Studentenwohnheim ausrollen würden, sollten Sie versuchen, Ihrem Kind, wenn es alleine loszieht, seinen Freiraum zu lassen. Warten Sie möglichst darauf, dass es sich von sich aus zu Hause meldet und versuchen Sie nicht, ihm jedes klitzekleine Detail über die Orientierungswoche oder seine Mitbewohner aus der Nase zu ziehen. Sie müssen jetzt loslassen, trotz Ihrer großen Neugier und dem Gefühl, dass Sie es »wissen müssen«.

EXPERTENTIPP: *Mit Handys, E-Mails, Textnachrichten und sozialen Medien können Eltern viel zu leicht Kontakt mit den Kids halten, anstatt ihnen den Raum zu geben, unabhängig zu werden. Widerstehen Sie der Versuchung, mehrmals am Tag miteinander zu sprechen. Zögern Sie es ein paar Stunden oder bis zum nächsten Tag hinaus, ehe Sie zurückrufen. Bieten Sie Unterstützung und Rückendeckung an, wenn Ihr Kind ein Problem hat, aber stülpen Sie ihm nicht sofort eine mögliche Lösung über.*

Praktische Dinge:

Die Heimkehr

Wenn Ihr Kind zu den Weihnachts- oder Sommerferien oder für ein langes Wochenende nach Hause kommt, müssen Sie ihm ein paar neue Freiheiten lassen. Während Ihr Sohn von zu Hause fort war, war er sein eigener Boss. Wie sollten die Familienregeln also lauten? Wenn es Geschwister gibt, die vom Alter her nicht weit von Ihrem Studentenkind entfernt sind, kann es noch komplizierter werden.

[1] Passen Sie die Regeln an, aber schaffen Sie sie nicht ganz ab. Ja, er hat jetzt alleine gelebt und seine eigenen Entscheidungen getroffen. Aber nein, Ihr Haus ist kein Studentenwohnheim. Wenn sich Ihr heimgekehrtes Kind dagegen sträubt, dass es Regeln einhalten soll, müssen Sie ihm deutlich machen, dass alle Personen, die hier leben, bestimmte Regeln befolgen müssen, ausgesprochene oder unausgesprochene. Auch von Ihrer Tante Lisa würden Sie nicht akzeptieren, dass sie sich den ganzen Tag im Gästezimmer vergräbt, die Musik um Mitternacht auf volle Lautstärke dreht, auf die nächstgelegene Party verschwindet und um vier Uhr morgens wieder einläuft.

[2] Stellen Sie sich darauf ein, dass Ihr Kind heimkommt – sehr oft sogar. Es gibt nichts, was Ihrem Kind besser zeigt, wie bequem es zu Hause war, als nicht mehr zu Hause zu sein. Viele Kinder, die gerade das Nest verlassen haben, kommen regelmäßig heim, um selbstgekochtes Essen, bedingungslose Liebe und den uneingeschränkten Zugang zu einer Waschmaschine zu genießen, die keine Geldmünzen frisst.

[3] Bereiten Sie sich darauf vor, dass Ihr Kind heimkommt – und bleibt. Der Ausdruck »Bumerang-Kids« wurde geprägt, um diese mitbewohnenden

ehemaligen Teenager zu beschreiben. Kinder kehren in Scharen in ihre Nester zurück, sei es aus finanziellen Gründen oder einfach aus Bequemlichkeit, vor allem in wirtschaftlich schwierigen Zeiten oder unmittelbar nach dem Bachelor-Abschluss. Wird das bequeme Dasein ihre Motivation untergraben, für sich selbst zu sorgen? Vielleicht.

Klären Sie vor dem Wiedereinzug unbedingt diese Punkte:

- Diskutieren Sie mit Ihrem Kind über seine Pläne und Ihre Erwartungen, ehe es in die familiäre Heimstätte zurückkehrt. Mit einer Exit-Strategie hat Ihre Tochter eine höhere Motivation, einen Job anzunehmen, Geld für die Miete eines Apartments zurückzulegen oder den Studienkredit zurückzuzahlen.
- Ihr verlorener Sohn kann Miete zahlen und zum Haushaltsgeld beitragen, seine Kleidung selbst finanzieren, seine Wäsche waschen und Aufgaben im Haushalt übernehmen.
- Um beiden Seiten Ärger zu ersparen und passiv-aggressives Verhalten zu reduzieren, sollten die Erwartungen an erwachsene Themen wie Sex oder Alkohol von Anfang an klar sein.

Zeit, den Hut in die Luft zu werfen!

Sie haben es geschafft! Sie haben Ihr Kind durch die Teenagerjahre gebracht. Hurra! Viele Eltern genießen es, dass sich die Beziehung zu ihren Kindern weiterentwickelt, wenn sie das Erwachsenenalter erreichen.

- Die Rollen verschieben sich, wenn Sie mit Ihrem erwachsenen Kind auf Augenhöhe sind.
- Sie müssen keine Grenzen mehr setzen und nicht mehr so viel Energie darauf verwenden, Ihrem Kind dabei zu helfen, seinen Weg in der Welt zu finden.
- Der präfrontale Cortex ist voll ausgereift oder zumindest fast, und das macht Ihr Kind zu einem sehr viel besseren Gesprächspartner und einer viel angenehmeren Gesellschaft. (Und, um ein bisschen nachzutreten – ja, auch zu einem sehr viel sichereren Fahrer.)

Also, lehnen Sie sich zurück und genießen Sie ein paar Augenblicke der Zufriedenheit. Dann können Sie anfangen, sich auf die nächste Lebensphase vorzubereiten: auf die wunderbaren Freuden der Großelternzeit. Sie können Ihre Enkel nach Strich und Faden verwöhnen! Sie müssen ihnen keine Grenzen setzen, und Sie können ihnen jeden kleinsten Wunsch erfüllen.

Es wird Spaß machen, nur all die Liebe zu geben, ohne die Grenzen oder Disziplin. Das können Sie jetzt alles den Kindern überlassen, die Sie früher als Teenager kannten und die nun erwachsen sind.

[Anhang]

Register

A

Abnabelungssyndrom 143
– Expertentipp 145
– räumliche Distanz und 143
– soziales Umfeld und 144
– Unabhängigkeit und 143
Abschlussball 174
– Ball-Etikette und 176 f.
– Expertentipp 174
– Tipps für 175
Akne 89 ff.
– Expertentipp 90, 92
Alkohol 38, 77, 148, 175, 187, 189, 205, 207 ff., 212 f.
– Expertentipp 207
Angststörung 197
Autofahren 214 ff.
– Expertentipp 217

B

Bewegung 64, 124, 159
Beziehungen 142
Brüste 51 f.
– BH und 52
– BH-Größe und 54 ff.
– BH-Kauf und 53 f., 57 f.

C

Cliquen 145–151, 212
– Bündnisse und 150
– Expertentipp (Tattoo, Piercings) 151 f.
– Expertentipp 149
– Geschlechterstereotypen und 149
– Imponiergehabe und 149
– soziale Hackordnung und 145
– soziale Kontakte und 145
– sozialer Status und 149
Computerspiele *siehe Games*
Crashkurs 22–41
– Expertentipp 28, 30, 36, 41
Cyberspace 152
– Abhängigkeit und 152
– Cybermobbing und 152
– Expertentipp 155, 157 f.
– Mediennutzung und 154
– Missbrauch und 152
– Pädophilie und 152, 156
– Pornografie und 152
– Smartphone und 152

D

Denken 77
– flexibles 29
– Alkohol und 207
– Gruppendenken und 30
– Schwarz-Weiß-Denken und 124
– selbstständiges 29
Depression 109, 115, 126 f., 166, 170, 195 ff., 207
Drogen 29, 77, 148, 175, 180, 207 f., 212

E

Eltern 12, 142
- als Rollenvorbilder 38
- Aufgabe als 13
- Regeln für 25
- Unabhängigkeit von 202
Elternrolle 227
Enthaarung 104
- Expertentipp 102, 103, 104
- Tipps für Jungen 100–104
- Tipps für Mädchen 103f.
Erektionen, spontane 67f.
Ermutigung 227
Ernährung 159, 188
- Expertentipp 221
Essen 93
- Expertentipp 94
Essstörung 98, 221
- Expertentipp 98

F

Familienleben 115, 123, 188
- Rituale im 33
Familienregeln 37, 202
- Expertentipp (Rettungscheck) 212
- Grundregeln 205
- Heimkehr und 230
- Regelverstöße und 203
- Strafen und 203
- wichtigste Regel 205
- Wiedereinzug und 231
Familienwerte 38
Fehler 38
Freundschaft 142f.

G

Games 80ff.
- Kontrollsoftware und 81
Geborgenheit 142
Gehirn 72f.
- Amygdala 78ff.
- Myelin und 78f.
- präfrontaler Cortex 77f., 79, 154
Geld 113, 145, 218f.
- Aushilfsjob und 217
- EC-, Kreditkarten und 220
- Prepaid-Karten 220
- Taschengeld 217f.
Grenzen 13f., 25, 38, 199, 202, 205, 232
- bei Mediennutzung 154

H

Hausregeln 37

I

Internet 36, 152ff.
- Expertentipp 156
Internetregeln 157

K

Kommunikation 33, 182, 188
- erfolgreiche 180
- Expertentipp 229
- Kontakt und 188
Körper 94ff.
- Aussehen und 96, 159
- Gene und 96f.
- Selbstkontrolle und 159
Körpererziehung 44–104

– Adipositas und 46
– Expertentipp 45, 47, 50
– Fast Food und 95
– Schamgefühl und 48
– Schlaf und 84
– Teenagerhygiene 73
– Übergewicht und 46
Körpergeruch 74 f.

L

Lernfrust 108–139
– Expertentipp (Hausaufgaben) 121
– Expertentipp (Lernstörung) 116
– Expertentipp (Noten) 112
– Hausaufgaben 111, 116–122
– Lernstörung und 114 f.
– Noten 104 f., 112
– Notendruck und 123
– Prüfungsangst und 122
– schulische Leistungen und 111
– Stress, Angst und 123
– Übertritt (Schule) und 110
– Uni(versität), Fachhochschule und 135
– Uni-Entscheidung und 136
– weiterführende Schulen und 110
Lernmomente 30
Lernstörung 108, 112, 114 f.
– Aufmerksamkeitsdefizit-Hyperaktivitätsstörung (ADHS) 114
– Aufmerksamkeitsdefizitstörung (ADS) 114
– Legasthenie (Lese-Rechtschreib-Schwäche) 114
– Sprachstörungen 114
Liebe 14, 166, 204, 227, 232
– bedingungslose 24, 27, 230
– erste große 173
Liebeskummer 172 f.

M

Masturbation siehe Selbstbefriedigung
Menstruation 59–64
– Binden, Tampons und 63
– Expertentipp 63
– Krämpfe und 64
– Notfallmaßnahmen 61
– wichtigste Fakten 59 f.
Mobbing 125–133
– Expertentipp 128, 132
– Fahrgemeinschaften und 133

P

Penis 84
Pubertät 44 f., 46
– bei Jungen 50
– bei Mädchen 47
– Hormone und 45
– Identitäten und 220
– Spätphase der 143

R

Redebedarf 180–199
– »aktives Zuhören« und 184
– Drama-Kings, -Queens und 189
– emotionale Ausraster und 193
– Expertentipp 182, 184, 186, 197, 199
– F-Bombe und 195

- Fluchen und 195
- Gesprächseinstiege und 192
- Ich-Botschaften und 182 ff.
- langatmiges Reden und 180
- Lügen, Ausflüchte und 185
- Neugier, Empathie und 181
- obszöne Sprache und 192
- Respekt und 180
- schadenfreudefreie Zone und 185
- Schimpfwörter und 192
- vulgäre Ausdrücke und 195
- Wahrheit und 185
- Zurückhaltung und 184

Respekt 40
Ritzen 197 ff.

S

Samenerguss 65
Schlafdefizit 87
- Expertentipp 87
- Schulnoten und 113

Schlafrhythmus 87 f.
Schulabschluss 226–232
- Neuausrichtung und 227
- Unabhängigkeit und 226

Schulparty 174
Selbstbefriedigung 66, 71 f.
- Expertentipp 72

Selbstbestimmung 142
Selbstbewusstsein 44
Selbsterkenntnis 40
Selbstkontrolle 24
Selbstständigkeit 24
Selbstverletzung 197
Selbstwertgefühl 142
Sex(ualität) 158–169
- Expertentipp (Infektionen) 164, 165
- Expertentipp 162, 169
- Geschlechtskrankeiten und 163
- Homosexualität 170
- oraler 166
- sexuelle Identität und 169
- Werte über 166

Suizid 170, 173 f., 188, 199
- Expertentipp 174

T

Teenager-Depression 196
- Anzeichen für 196

W

Werte 40

Z

Zugehörigkeit 142

Danksagung

Vielen Dank an all die Eltern, die bei der Recherche zu diesem Buch geholfen haben, indem sie ihre Erfahrungen, Sorgen, Erfolge, Tipps und Anekdoten mit mir geteilt haben. Mein großer Dank geht auch an die Ärzte und die Fachleute für Jugendliche und Erziehung, die mir großzügig ihre Zeit geschenkt haben und mich fachkundig zu allen Bereichen der körperlichen, geistigen, akademischen und sozialen Entwicklung von Teenagern beraten haben. Ich danke Wanda Anderson, Roger Eastlake, Matt Glendinning, Janice Hillman, Abigail Huntington, Laura Jordan, Armond Lawson, George Preti, Jane Shure, Steve Sokoll, Richard Stern, Craig Stevens und Judith Turow.

Die Autorinnen

SARAH JORDAN schreibt für zahlreiche Zeitschriften und Zeitungen wie *Parents* und *Parenting* und war für den National Magazine Award nominiert. Sie ist die Autorin von *Schwangerschaft – Betriebsanleitung* und Co-Autorin von *The Worse-Case Scenario Survival Handbook: Parenting* und *The Worse-Case Scenario Survival Handbook: Weddings.* Sie lebt mit ihrem Ehemann und zwei Kindern in Philadelphia.

JANICE HILLMAN, M.D., FACP, ist Fachärztin für Jugendmedizin und praktiziert seit mehr als dreißig Jahren an den Kliniken der University of Pennsylvania. Seit langer Zeit wird sie regelmäßig als eine der »Top Doc's« des *Philadelphia*-Magazins nominiert und hält häufig Vorträge für Eltern und Schüler. Dr. Hillman dankt nachdrücklich ihrer Familie, ihren Freunden und ihren Patienten für ihre Unterstützung und ihr Vertrauen. Der größte Erfolg, sowohl persönlich als auch beruflich, ist aus ihrer Sicht, ihre beiden erwachsenen Töchter, Jennifer und Abigail, gut durch die Jahre der Pubertät gebracht zu haben.

Die Illustratoren

PAUL KEPPLE und **SCOTTY REIFSNYDER** sind besser bekannt als Studio **HEADCASE DESIGN**, das in Philadelphia angesiedelt ist. Über ihre Arbeit wurde in zahlreichen Designpublikationen berichtet, wie z. B. *AIGA 365* und *50 Books/50 Covers, American Illustration, Communication Arts, Graphis* und *Print.* Vor der Eröffnung von Headcase im Jahr 1998 arbeitete Paul mehrere Jahre für Running Press Book Publishers. Er machte seinen Abschluss an der Tylor School of Art, wo er heute auch unterrichtet. Scotty ist Absolvent der Kutztown University und machte seinen Master of Fine Arts an der Tyler School of Art, an der Paul sein Lehrer war.

ZERTIFIKAT

Herzlichen Glückwunsch! Sie haben nun alle Instruktionen dieses Handbuchs gelesen und sind perfekt vorbereitet für die Instandhaltung Ihres Teenagers. Mit der richtigen Wartung und Aufmerksamkeit wird Ihnen Ihr Modell ein Leben lang Freude und Glück bereiten.

Genießen Sie es!

____

Name des Besitzers

____

Name des Modells

__________	__________
Lieferdatum	Geschlecht
Augenfarbe	Haarfarbe